JEANNE D'ARC,

ou

L'HÉROÏNE FRANÇAISE;

Par Mme. GOTTIS.

ORNÉ DE QUATRE JOLIES FIGURES, ET DU PORTRAIT
DE L'HÉROÏNE.

TOME PREMIER.

A PARIS,

CHEZ ARTHUS BERTRAND, LIBRAIRE,
RUE HAUTEFEUILLE, N°. 23.

1822.

OUVRAGES NOUVEAUX

QUI SE TROUVENT CHEZ ARTHUS BERTRAND, LIBRAIRE, rue Hautefeuille, n° 23, à Paris.

Conditions de la Souscription aux Œuvres de madame la baronne de Montolieu.

La collection des OEUVRES DE M.me DE MONTOLIEU formera trente-cinq à quarante volumes in-12, grande justification, de 300 pages environ, ornée du portrait de l'auteur, et d'une figure au moins, en taille-douce, placée en tête de chaque volume. Cette édition sera imprimée avec soin, sur beau papier, et distribuée par livraisons de deux, de trois, ou de quatre volumes.

La première est composée du *Robinson Suisse*, ou Journal d'un père de famille naufragé avec ses enfans; trad. de l'allemand de M. Wiss, troisième édition, revue avec soin, 3 vol. in-12 au lieu de 4, ornés de 12 figures et de la carte de l'île déserte.   9 fr.

Madame de Montolieu s'occupe de terminer cet ouvrage.

La seconde, de *Saint-Clair des Iles*, ou les Exilés à l'île de Barra, trad. de l'anglais, 3 vol. in-12 au lieu de 4, ornés de 3 fig.   9 fr.

La troisième, des *Tableaux de Famille*, ou Journal de Charles Engelmann; traduit d'Auguste Lafontaine, 2 tom. en un fort vol in-12, fig.   3 fr.

Et de la *Princesse de Wolfenbuttel*, 2 tomes en un vol. in-12, fig.   3 fr.

La quatrième, de *Caroline de Lichtfield*, ou Mémoires d'une Famille prussienne; quatrième édition originale, revue et corrigée par l'auteur, ornée de 4 jol. fig., du portrait de madame de Montolieu, et de la musique des romances, 2 vol. in-12 au lieu de 3.   6 fr.

Et de CORISANDRE DE BEAUVILLIERS, 1 vol. in-12, fig. au lieu de 2.   3 fr.

La cinquième livraison est composée de *Un An et un Jour*, 2 vol. in-12 au lieu de 3, avec figures.   6 fr.

Et de LUDOVICO, ou le fils d'un homme de génie, 1 vol. in-12, fig. au lieu de 2.   3 fr.

La sixième sera composée de *la Famille Elliot*, ou l'Inclination, traduit de l'anglais, 2 vol. in-12 au lieu de 3, avec fig. Ouvrage nouveau.   6 fr.

(2)

Le prix de chaque volume est fixé à *trois francs* pour Paris, et *trois francs soixante-quinze centimes* franc de port pour les départemens.

Chaque volume contiendra de 400 à 450 pages des ouvrages précédemment imprimés.

Ouvrages de madame la baronne Isabelle de Montolieu, dont il reste encore un petit nombre d'exemplaires.

AMABEL, OU MÉMOIRES D'UNE JEUNE FEMME DE QUALITÉS, traduit de l'anglais de M.me Élisa Hervey. Cinq forts vol. in-12. 1820. 12 fr.

LA PETITE AVEUGLE, OU LA FAMILLE WINDHAM, imité de l'anglais par la même. 1 vol. in-12, fig. 1820. 3 fr.

LA ROSE DE JÉRICHO, imité de l'allemand, 1 v. in-12. deux fig. dont une coloriée. 1820. 3 fr.

LES CHATEAUX SUISSES, anciennes anecdotes et chroniques, 4 vol. in-12, ornés de quatre gravures. 8 fr.

CHARLES ET HÉLÈNE DE MOLDORF, ou huit ans de trop, trad. de l'allemand de Messner, 1 vol. in-12. 2 f. 50 c.

LA FERME AUX ABEILLES, ou les fleurs de lis, imité d'Auguste Lafontaine, 2 vol. in-12. 4 fr.

LE CHALET DES HAUTES-ALPES, suivi de deux feuillets du journal de mon ami Gustave, Amour et Silence, Frères et Sœurs, les Aveux d'un mysogine, ou l'ennemi des femmes, 3 vol. in-12. 6 fr.

SUITE DES NOUVELLES traduites ou imitées par madame de Montolieu, contenant Nantilde, ou la Vallée de Balbella; Découverte des eaux thermales de Weissembourg; Cécile de Rodek, ou les regrets; Alice, ou la Sylphide; Sophie d'Alwin, ou le séjour aux eaux de B***, 3 vol. in-12, musique. 7 fr. 50 c.

ARISTOMÈNE, trad. de l'allemand d'Aug. Lafontaine, 2 vol. in-12. 5 fr.

HISTOIRE DU COMTE RODERIGO DE W***, suivie du jeune Fruitier du lac de Joux, et du Siége du château de Grandson; nouvelle du 15e siècle, 1 vol. in-12. 3 fr.

Quatre autres Nouvelles ayant pour titre : EXALTATION ET PIÉTÉ, contenant : Philosophie et Religion; le jeune Quaker; Élise, ou les souvenirs d'une jeune Morave, et la Veille de Noël, ou la conversion, 1 v. in-12, fig. 3 fr.

ONDINE, conte traduit de l'allemand du baron de Lamotte-Fouqué, major au service de Prusse. Cet ouvrage extraordinaire forme un volume in-12, avec une jolie figure. Deuxième édit. 3 fr.

FORESTER, OU LA MANIE DE L'INDÉPENDANCE ; suivi d'ANGÉLINA, OU L'AMIE INCONNUE. Nouvelles de de miss Edgeworth. 2 vol. in-12. fig. 1821.   6 fr.

CATHERINE Ire, IMPÉRATRICE DE TOUTES LES RUSSIES, seconde femme de Pierre-le-Grand, roman historique. Cinq vol. in-12, ornés des portraits de Pierre-le-Grand et de Catherine ; par Mme A. Gottis. 12 fr.

CONTES, NOUVELLES ET HISTORIETTES, par madame la comtesse de Genlis, madame la comtesse de Beaufort d'Hautpoul, madame Dufresnoy, M. L., 2 vol. in-12, ornés de 7 grav., 1820.   6 fr.

LES VOISINS DE CAMPAGNE, ou le Secret, trad. de miss Burney par madame d'Esménard, 4 vol. in-12 avec fig., 1820.   10 fr.

LE PROPHÈTE VOILÉ ET LE PARADIS ET LA PERI ; trad. de l'angl. de John Moore, in-12, fig., 1820. 2 fr. 50 c.

LEÇONS MORALES, ou Recueil de Contes à l'usage de la jeunesse ; traduit librement de l'anglais de madame Hannah More, 1 vol. in-12, 1820.   3 fr.

NOUVEAUX CONTES MORAUX, de mistriss Opie ; traduits de l'anglais par M. Aubert de Vitry, 5 vol. in-12, fig.   12 fr.

LUDWIG D'EISACH, ou les trois éducations ; trad. d'Auguste Lafontaine, 3 vol. in-12, fig.   7 f. 50 fr.

ALFRED-LE-GRAND, ou le trône reconquis ; par M. de Lacoste, 2 vol. in-12, avec de jolies figures.   5 fr.

QUELQUES SCÈNES DE LA VIE DES FEMMES ; par le même auteur d'Alfred-le-Grand, 3 vol. in-12, fig.   7 f. 50 c.

LE TEMPLIER, LE JUIF ET L'ARABE, formant les tomes 1 et 2, avec fig.

LA FILLE DU BAIGNEUR D'AUSBOURG, ou Féodalité, Amour et Honneur, formant le tome 3e, avec fig.; par l'auteur de Quelques scènes de la vie des Femmes, etc. 3 vol. in-12, fig. ; les trois vol.   7 f. 50 c.

OPPRESSION ET RÉVOLTE, ou la Guerre des Nobles et des Paysans, 3 vol. in-12, par le même, fig 7 f. 50 c.

ANTAR, roman bédouin, traduit de l'arabe, par Hamilton, à Constantinople, 3 vol. in-12, jolie fig. 7 f. 50 c.

LES SOUPERS DE MOMUS, recueil de chansons inédites, pour 1817. Quatrième année de la collection, 1 vol. in-18, fig. et musique.   2 f.

—Le même ouvrage pour 1818.   2 f.

EDWARD MOWBRAI ; par Mad. C.... d'Ar...., auteur de plusieurs bons romans, 2 vol. in-12.   3 f. 75 c.

Les Frères Hongrois, roman traduit de l'anglais, de miss Anna-Maria Porter, 3 vol. in-12.   6 f.

Nouvelle (la) Emma, ou les Caractères anglais du siècle; par l'auteur d'Orgueil et Préjugé, etc., etc., trad. de l'anglais, 4 vol. in-12, pap. vél.   10 f.

Anastase et Nephtali, ou les Amis, 4 v. in-12.   9 f.

Angelo, comte d'Albini, ou les dangers du vice, trad. de l'anglais de Rosa Mathilda, 3 v. in-12.   6 f.

Marie, ou les Hollandaises. Troisième édit., revue et augmentée par l'auteur (M. le comte Louis de Saint-Leu), 3 vol. in-12.   6 f.

Médée, roman pour servir à l'histoire du siècle héroïque qui a précédé le siège de Troie, fait par les Grecs sous les ordres du grand Agamemnon, avec des notes; par M. Née de Larochelle, 4 forts vol. in-12, avec fig.   12 fr.

Ouvrages de M. de Lantier, chevalier de Saint-Louis.

Voyage d'Antenor en Grèce et en Asie, avec des notions sur l'Égypte; manuscrit trouvé à Herculanum. 5 vol. in-18, quatorzième édit., 5 fig., 1820.   6 fr.

Le même, en 3 vol. in-8º, avec de belles fig., dessins de Chasselat. 15e édit. 1821.   18 fr.

Le même, papier vélin, fig. av. la lettre   36 fr.

Les Voyageurs en Suisse, 3 vol. in-8, avec portrait, deuxième édition, 1820.   18 fr.

Le Voyage en Espagne, du chevalier Saint-Gervais, officier français, et les événemens de son voyage, 2 vol. in-8, fig., deuxième édit., 1820.   12 fr.

Contes en vers et en prose, 3 vol. in-8, fig.   11 fr.

Nota. Le tome 3e se vend séparément.   3 fr.

Correspondance de Suzette-Césarine d'Arly, 2 vol. in-8.   10 fr.

— La même, 3 vol. in-12.   7 fr. 50 c.

Traduction de l'Enéide, en prose, avec le texte, par M. Mollevaut, 4 vol. in-18, gr. raisin.   10 fr.

— Le même, sur pap. carré, 4 vol. in-18.   8 fr.

Élégies de Catulle, de Tibulle, de Properce, et celles de M. Mollevaut, 4 vol. in-18, fig., Didot.   12 fr.

Les Fleurs, poëme, par M. Mollevaut, 1 vol. in-18, fig. en couleur et noir.   5 fr.

Cent Fables, de quatre vers chacune, par M. Mollevaut, 1 vol. in-18, avec de jolies fig.   3 fr.

JEANNE D'ARC,

ou

L'HÉROÏNE FRANÇAISE.

On trouve chez le même Libraire les Ouvrages suivans du même auteur :

MARIE DE VALMONT, 1 vol. in-12.
FRANÇOIS Ier., 2 vol. in-12.
LE JEUNE LOYS, Prince des Francs, 4 vol. in-12.
ERMANCE DE BEAUFREMONT, chronique du IXeme. siècle, 2 vol. in-12.
LA JEUNE FILLE, ou Malheur et Vertu, 2 vol. in-12.
CATHERINE Iere., 5 vol. in-12, avec deux portraits.
MARIE DE CLÈVES, 3 vol. in-12.

Le même Libraire vient de mettre en vente :

Mathilde au Mont-Carmel, ou continuation de Mathilde de Madame Cottin; par M. Vernes-de-Luze, 2 vol. in-12, 3 fig.   6 fr.

Le même, 3 vol. in-18, 3 fig.   5 fr.

Fille (la) abandonnée, ou l'Heureuse désobéissance, 3 vol. in-12, fig.   7 fr. 50 c.

Voyage dans l'intérieur de l'Amérique, aux sources du Sénégal et de la Gambie, fait en 1818, par Mollien, 2e. édition revue et augmentée, 2 vol. in-8, carte et gravures.   12 fr.

Voyage en Sicile, fait en 1820 et 1821, par M. A. De Sayve, 3 vol. in-8, une carte topographique, 2 paysages et musique.   18 fr.

IMPRIMERIE DE D'HAUTEL.

Tome 1.

Jeanne d'Arc.

JEANNE D'ARC,

OU

L'HÉROÏNE FRANÇAISE;

PAR Mme. GOTTIS.

ORNÉ DE QUATRE JOLIES FIGURES, ET DU PORTRAIT
DE L'HÉROÏNE.

TOME PREMIER.

A PARIS,

CHEZ ARTHUS BERTRAND, LIBRAIRE,
RUE HAUTEFEUILLE, N°. 23.

1822.

PRÉFACE.

En donnant à Jeanne d'Arc une autre origine que celle vulgairement connue, je m'expose à bien des critiques, je le sais : cependant, pour justifier ma témérité, je répondrai que je ne l'ai fait qu'après avoir trouvé des renseignemens presque certains; mais, en supposant que je me sois laissée entraîner à de fausses versions, que je me sois laissée séduire par mon imagination, j'ose dire que mon héroïne, ou plutôt l'héroïne française, n'en est pas moins grande, moins vertueuse : au contraire, cette même situation sert à déveloper la profonde énergie de son caractère; elle en fait ressortir toutes les nuances ; elle motive cet enthousiasme de gloire qui l'animait, justifie la vie des camps, où elle fut pour ainsi dire jetée par des mains habiles, et qui surent adroitement tirer un immense avantage des qualités extraordinaires dont la nature l'avait douée.

En effet, comment croire qu'une fille, éloignée de près de cent lieues du théâtre de la guerre, ait été choisie, sur le seul bruit de son désir de servir la cause de son Roi, de préférence à d'autres jeunes enthousiastes? (car il s'en trouve toujours dans les calamités publiques); comment croire qu'elle ne fut pas guidée par des personnes qui connaissaient le sang dont elle était issue? Ces Saintes, dont Jeanne convient avoir reçu et les visites, et de secrètes instructions, ne pouvaient être que des femmes de haut rang, qui lui avaient imposé la loi de ne point divulguer leurs noms. D'ailleurs, qui sait si elle l'apprit jamais?

L'opinion que j'ai mise au jour était généralement répandue en Angleterre du temps de Shakespeare, environ cent trente-trois ans après la mort de la Pucelle ; aussi ce grand homme s'est-il emparé d'un sujet éminemment tragique ; et malgré l'intérêt que l'Angleterre devait avoir à ne pas laisser accréditer cette version, Shakespeare mit sur la scène *Jeanne d'Arc*, dans la première partie de Henri VI. Après avoir accablé d'injures la vaillante guerrière, par une inconséquence permise à leur théâtre, il place dans la bouche de la vertueuse héroïne ces mots :

Sixième Scène du cinquième Acte de la première partie de Henri VI.

« Je vous dirai d'abord quelle est
« celle que vous avez condamnée en
« ma personne : *ce n'est pas la fille*

« *d'un pasteur, mais un rejeton de*
« *la race des Rois:* un rejeton ver-
« tueux et saint, choisi d'en haut, par
« l'inspiration de la grâce divine, pour
« opérer des miracles prodigieux sur
« la terre. Je n'eus jamais aucun com-
« merce avec les mauvais esprits :
« mais vous, souillés par vos impu-
« retés, vous dont les mains sont
« teintes du sang des justes et des
« innocens ; vous que mille passions
« honteuses assiègent et déshono-
« rent, parce que vous manquez de
« la grâce que les autres possèdent,
« vous jugez sans réfléchir qu'il est
« impossible de faire des choses mer-
« veilleuses autrement que par le se-
« cours des démons. »

*a**

« Non, Jeanne d'Arc, *que l'on n'a*
« *pas comprise*, est toujours restée
« vierge, chaste et pure, même dans
« ses pensées; son sang virginal, que
« vous allez cruellement répandre,
« criera vengeance contre vous aux
« portes de l'éternel séjour. »

PUCELLE.

First, let me tell you, whom you have condemn'd;
Not me begotten of a shepherd swain,
But issu'd from the progeny of Kings ;
Virtuous and holy, chosen from above,
By inspiration of celestial grace,
To work exceeding miracles or earth :
I never had to do with wicked spirits.
But you that are polluted with your lusts,
Stain'd with the guiltless blood of innocents,
Corrupt and tainted with thousand vices,

Because you want the grace that others have,
You judge it straight a thing impossible
To compass wanders, but by help of devils
No misconceived Joan of Arc hath been
A virgin from her tender infancy,
Chaste and immaculate in very thought;
Whose maiden blood, thus rigorously effus'd
Will cry for vengeance at the gates of heaven.

Jeanne d'Arc eut le même état de maison qu'une fille de France. Est-il présumable que dans ces temps de féodalité la cour eût osé braver ainsi d'antiques préjugés, et en même temps insulter aux prérogatives de la noblesse ? La noblesse l'eût-elle souffert sans murmurer ! l'armée même eût-elle obéi à une fille sortie des derniers rangs de la société ?

Il est notoire que la Pucelle mourut avec un secret qu'elle ne voulut jamais déclarer : secret qui peut-être lui eût racheté la vie; mais, trop magnanime pour le divulguer sans l'assentiment de son roi, elle demanda quinze jours afin d'informer Charles VII de sa triste situation; ses bourreaux les lui refusèrent, et le lendemain on la conduisit au bûcher. Il est probable que la crainte que sa naissance ne fût connue, naissance qui aurait altéré le respect que les Anglais devaient à leur jeune monarque, accéléra sa mort. D'ailleurs, ces fiers insulaires n'ont-ils pas su de tout temps immoler ou les grands courages, ou les souverains assez hardis pour s'opposer à leur projet d'asservir l'Europe entière ?

La mémoire de la libératrice de la France a été réhabilitée et par Charles VII, et par Louis XI. Louis XII, qui fut duc d'Orléans avant de monter sur le trône, la réhabilita une troisième fois, et François Ier. lui fit élever une tombe expiatoire dans l'église de Sainte-Catherine-de-Fierbois : les fleurs de lis remplacèrent les restes absens de l'infortunée Jeanne. Cette tombe fut détruite dans la révolution, ainsi que les autres monumens élevés en son honneur. Tous les faits que je viens d'avancer sont dissertés avec beaucoup d'esprit et d'adresse dans un ouvrage intitulé : *La vérité sur Jeanne d'Arc*, par M. Caze. L'auteur a fait de grandes recherches, il a puisé dans toutes les sources pour asseoir son système sur l'héroïne : peut-être est-ce prévention, mais il doit convaincre tous ceux qui le liront.

M. Lebrun de Charmettes dans son Histoire de Jeanne d'Arc, monument d'une vaste érudition et d'un grand amour de son pays, n'adopte pas la version de M. Caze ; mais il la rapporte toute entière dans son quatrième volume, et je dois en convenir, ce fut la citation qu'il en fit qui me donna l'idée première que j'ai adoptée depuis : je me procurai le livre de M. Caze, et cette même idée se fixa tellement dans mon imagination, qu'il me fut impossible de m'en distraire ; je discutai le pour et le contre ; je me dis tout ce qu'on pouvait se dire sur le plan que je formais, mon imagination exaltée par cette foule de pensées contraires, rejeta tout ce qui était défavorable à la chimère qu'elle nourrissait : je pris la plume, j'écrivis. Ai-je eu tort, ou raison ? Si Jeanne intéresse, malgré sa nouvelle origine, si elle arrache quelques larmes, on me pardonnera ; cependant, je le dis avec orgueil, et répète avec M. Caze : Jeanne d'Arc est un des plus beaux caractères féminins qui aient jamais paru sur la terre. J'ose croire que je ne l'ai pas altéré.

JEANNE D'ARC.

PREMIÈRE PARTIE.

CHAPITRE PREMIER.

Muse des temps héroïques, Muse des souvenirs, toi qui gravas sur l'airain, en caractères ineffaçables, les hauts faits de nos preux : toi qui, depuis, retraças ceux des Du Guesclin, des Nemours, des Bayard, et de notre Henri ! de Henri, notre orgueil, de ce magnanime Henri, modèle des princes et des rois ! Muse, redis à ma plume timide les exploits et les travaux de l'illustre guerrière, qui sauva notre belle France du joug odieux de l'étranger, et qui, par son bras puissant, raffermit sur la tête de son roi, la couronne chancelante : redis ses travaux, Muse : hélas, tu seras forcée de redire aussi ses malheurs, son courage, sa mort affreuse, et sa noble et pieuse résignation.

La mort de Charles VI avait mis le comble à l'infortune de son fils Charles de Valois, (depuis Charles VII); un autre souverain, Henri V, d'Angleterre, venait de monter sur le trône de France : déshérité par son illustre père, poursuivi par une mère cruelle (1), Charles voyait la fortune le traiter chaque jour avec une nouvelle rigueur. Quelques sujets fidèles lui restaient encore, quelques villes étaient encore soumises à son obéissance, mais la force des armées anglaises, mais le peu d'espoir qu'il pût jamais reconquérir ses états, éloignaient insensiblement de lui les grands vassaux,

---

(1) Isabeau de Bavière.

qui tous cherchaient les honneurs et les récompenses auprès de l'ennemi.

La France était, de plus, divisée en deux factions ennemies, les Armagnacs et les Bourguignons. Les Armagnacs aux chaperons blancs, tenaient pour le parti du malheureux Charles; les Bourguignons à la croix rouge, soutenus par les Anglais, montraient une audace peu commune. Les Armagnacs poursuivis partout, partout les objets de la haine des vainqueurs, ne rencontraient, pour prix de leur fidélité, que la mort et les supplices. Mais loin de céder à la force, ce qui restait de ce parti déplorable n'en conservait qu'un plus vif attachement à la cause de ses Rois.

La Providence cependant, malgré tant de revers, veillait sur la destinée de Charles. Loin de vouloir qu'un monarque étranger soumît la France à son sceptre orgueilleux, elle daigna, dans sa bonté toute puissante, envoyer sur la terre, l'être généreux qui devait remettre le diadême des Francs sur le front du successeur des Clovis et des Charlemagne, et devait, par son magnanime courage, chasser l'Anglais de ce superbe royaume, que la perfidie lui avait livré.

Celle qui était destinée à accomplir ces hauts faits, élevée sous l'humble toit d'un laboureur, était loin de prévoir alors le sort qui l'attendait. Ignorant la gloire, ignorant les richesses de la terre, son ame ardente et fière ne pouvait souhaiter encore ce qu'elle ne connaissait pas.

Tendrement aimée de sa mère, la pieuse et naïve Jeanne trouvait toujours en elle un cœur prêt à écouter ses innocens chagrins. Souvent, se jetant dans les bras de celle qui lui montrait tant d'indulgence, elle y gémissait sur l'injuste froideur de son père.

Cette froideur avait pris naissance lors d'un incident dont Jeanne s'était empressée de rendre compte à sa famille. Un jour (elle avait alors treize ans), se rendant, comme à son ordinaire, à *l'arbre des Fées* ;(1), pour y porter des fleurs qu'elle aimait à suspendre à son antique tronc, la jeune vierge venait de les y placer, lorsque, tombant à genoux, elle se mit à prier avec ferveur : O mon Dieu, disait-elle à haute voix, fais que je sois toujours douce, bonne, patiente, et toujours soumise à ma mère et à mon père ; que mes frères m'aiment toujours, et que Jeanne ne les oublie jamais : ô mon Dieu, daigne protéger les Armagnacs, qu'ils soient vainqueurs de leurs ennemis ; dé-

───────────

(1) Cet arbre se trouvait sur le grand chemin de Domremy à Neufchâteau ; c'était un hêtre magnifique.

livre la France des Anglais, et abats les Bourguignons! La douce fille faisait le signe de la croix, lorsqu'un léger bruit la distrait et lui fait tourner la tête : ô surprise ! La pauvre enfant rougit, tremble; ses yeux fixés vers un endroit ne peuvent s'en éloigner, quand deux femmes couvertes d'un vêtement blanc, et la figure entièrement cachée sous un voile transparent et brodé d'or, s'offrent à sa vue, en lui faisant signe d'approcher: Jeanne joint les mains, mais douée d'un courage héroïque, elle se lève et obéit à l'ordre qu'elle a reçu.

Elle attend avec respect qu'on lui adresse la parole : une des inconnues, d'une voix pleine de bonté, lui dit : «Chère enfant, ne t'écarte jamais des souhaits que tu viens de former, sois toujours bonne, douce, patiente. Nous veillerons sur toi, et ne t'abandonnerons point. Ah ! prie le

ciel que les Armagnacs triomphent ! »
Étonnée, interdite, Jeanne murmure,
Jésus, Maria, et retombe à genoux.

Une main se posa sur sa tête, et prononça : « Sois bénie, ô fille prédestinée, dans tes prières, n'oublies pas d'invoquer sainte *Catherine* et sainte *Marguerite*. » (1) La voix se tait, et le plus profond silence succède à cette scène extraordinaire. Au bout de quelques minutes, elle se hasarde à relever son front virginal, regarde autour d'elle ; Jeanne était seule.

Depuis cette journée, ce souvenir fut toujours présent à sa pensée : depuis cette journée, un désir inquiet s'était emparé de son âme : possédant ce recueillement,

---

(1) Jeanne, dans son procès, assura avoir été visitée à Domremy par sainte Catherine et sainte Marguerite. Il n'y a nul doute que ces saintes ne fussent des personnes de haut rang.

cette mélancolie des caractères que la nature destine à s'élever au-dessus des autres mortels, rarement on la voyait se mêler aux jeux, aux danses de ses jeunes compagnes : toujours occupée de devoirs pieux, son cœur ingénu adressait à l'Éternel les vœux qu'elle formait dans son ardent enthousiasme.

Quelques années s'écoulèrent : toujours dominée par la force de son imagination, Jeanne, sans pouvoir s'en rendre compte, désirait vivement quitter l'état abject où languissait son jeune courage. Les veillées se passaient rarement sans qu'on y fît le récit de quelque nouveau triomphe du parti bourguignon. Jacques d'Arc, son père, vieux soldat des troupes royales, regrettait vivement qu'une blessure au bras droit lui eût ôté la faculté d'offrir ses services à son maître malheureux ; mais ne pouvant lui être utile, il formait ses trois fils à manier la lance et la hache d'armes : Jeanne assistait à toutes leurs leçons. N'étant point admise à les partager, elle retenait pourtant exactement les conseils et les détails que donnaient l'instituteur ; souvent même, elle indiquait le mouvement qu'il fallait faire pour abattre le but désigné, et presque toujours son avis se trouvait juste.

Après avoir bien classé dans sa mémoire, les termes d'escrime, et les coups qu'on devait porter pour atteindre son ennemi, Jeanne, en gardant le bétail de son père, s'enfonçait avec son troupeau dans les bois, où elle se dérobait à tous les regards. Là, elle mettait en pratique les leçons dont ses frères profitaient à peine. Que de fois, lorsqu'il lui arrivait de frapper le point qu'elle avait marqué dans l'écorce de l'arbre qu'elle attaquait, que de fois ne s'écria-t-elle pas : Grand

Dieu, que ne suis-je homme de guerre, quel bonheur pour moi si je frappais ainsi les Bourguignons ! Vains souhaits ! Le Ciel n'avait pas encore jugé nécessaire de venger Charles et la monarchie des attentats de leur chef orgueilleux.

La guerre civile et ses horreurs ne tardèrent point à se répandre par toute la France ; les citoyens des villes et les habitans des campagnes prenaient parti selon leurs sentimens : les paysans d'un hameau voisin de Domremy, nommé *Marcey*, étaient Bourguignons : ceux de Domremy étaient Armagnacs de cœur et de volonté. Jeanne quoique sortant de l'adolescence, brûlait du même zèle, son cœur se partageait entre l'amour de son Dieu, celui de son roi, et celui de sa patrie.

N'osant avouer le désir qui la dévorait, elle menait paître tristement son troupeau. Un jour, surprise par un violent orage, elle se réfugia dans une petite chapelle abandonnée : après avoir rassemblé ses timides brebis, la jeune bergère se mit en prières sur les marches d'un autel dégradé par le temps ; l'obscurité du lieu, la chaleur de la journée, l'accablement qu'elle éprouvait, tout contribua à la plonger dans un profond sommeil.

Il durait encore, lorsque deux guerriers cherchant un abri contre la tempête, entrèrent dans l'asile où se trouvait Jeanne ; surpris d'y voir une femme endormie, un des deux s'approche, il examine cette figure charmante, ces beaux cheveux châtains, cette jolie coupe de figure..... un mouvement involontaire lui arrache ces mots : quelle ressemblance ! Ce ne peut-être ce malheureux enfant..... Jeanne se réveille, et demeure interdite, et frappée de terreur à la vue de ces étrangers, dont elle ne peut distinguer les traits, la visière de leurs casques se trouvant baissée.

Jeune fille, dit le plus apparent des deux, ne crains rien; comme toi, j'ai cherché un refuge contre le tonnerre. Quel est ton nom?—Mon nom est, Jeanne-d'Arc.—Ton âge?—Vingt ans.—Quel est le nom de ta mère?—Isabelle Romée. — N'as-tu point d'autres parens?—Oui, messire, j'ai mon oncle Laxart, qui me chérit à légal de ses enfans : car mon père ne peut me souffrir. Après un moment de silence, le guerrier dit : Jeune fille, quel est l'emploi de tes journées?—Je prie Dieu et la Vierge, je couds, je file, et conduis aux champs les brebis de mon père.—Paisible occupation! tu ne fais donc rien autre chose?—Ici Jeanne rougit : Non. Oh, pardonnez : je demande au ciel chaque jour, de détruire Anglais et Bourguignons : que je serais heureuse, si j'apprenais que mon roi a vaincu ces méchans, et qu'ils sont abattus : que ne puis-je moi-même contribuer à ces périlleux travaux. — Qui t'empêche de le tenter ! — Je ne sais ni monter à cheval, ni combattre.... — Qui sait, jeune fille, ce que le ciel te réserve ? qui sait si ta destinée ne s'éclaircira point... — Guerrier, je ne souhaite que le triomphe de mon roi. — O Providence, s'écria l'inconnu, que tes décrets sont impénétrables .. Jeanne mets ta confiance en la bonté céleste : ma fille, peut-être un autre sort t'attend..... peut-être serviras-tu d'instrument pour déjouer les complots de la perfidie et de la cruauté. — Que me dites-vous ! moi, moi, pauvre fille ? — Attends, et soumets-toi. Le guerrier étendit la main, Jeanne épouvantée se prosterna, et les chevaliers disparurent.

De retour chez son père, Jeanne répéta exactement la vision qu'elle avait eue; oui, ma mère, ajoutait-elle, ces guerriers ont disparu et sont entrés dans la chapelle, sans faire le moindre bruit..... Bien plus, ô ma mère, un d'eux m'a prédit que je changerais de sort..... Si Dieu me destinait à sauver le roi; si je pouvais combattre pour lui; avec quelle ardeur mon bras chasserait les Anglais! Jeanne mets ta confiance en la bonté céleste, peut-être un autre sort t'attend... Voilà ce qu'il m'a dit.

Le père de Jeanne, après avoir entendu ce récit, ne mit plus de bornes à son emportement, il reprocha à sa femme sa faiblesse pour cette fille, qui faisait naître dans son esprit mille et mille chimères; furieux, il jura de la chasser de la maison paternelle, si elle osait reparler encore de ses rêveries. Jeanne consternée, mais non pas convaincue, promit de se taire sur ce sujet.

Forcée de concentrer en elle-même le feu de son imagination ardente, forcée de ne pas faire éclater son chagrin chaque fois qu'elle entendait parler des malheurs de Charles VII; pour se distraire, elle demanda et obtint de son père la permission de soigner les chevaux de la maison.

A cheval dès la pointe du jour, Jeanne franchissait les plaines, les bois et les collines : cet exercice doubla ses forces, et fit diversion à la mélancolie qui s'était emparée de son âme : peut-être son jeune cœur formait-il en secret le dessein de dévouer et son bras et son existence à ce roi qu'elle aimait si tendrement ! Douce fille, hélas, le destin cruel avait déjà marqué ton noble front du sceau de la fatalité.

Cependant, sa beauté, sa conduite sage et respectueuse envers ses parens, son attachement pour ses frères et sœurs, sa charité envers les pauvres, et son obligeance pour les malheureux, toutes ces qualités la distinguèrent bientôt des filles de la contrée, aussi ne tarda-t-il pas à se présenter un grand nombre de prétendans à sa main.

CHAPITRE II.

Un riche laboureur de Burey, village où demeurait son oncle Laxart, devint passionnément amoureux d'elle : après en avoir parlé à Laxart, et n'avoir obtenu de lui que des réponses peu satisfaisantes, il se décida à venir la demander en mariage à Jacques d'Arc.

Charmé d'un tel bonheur, qu'il n'avait osé espérer pour sa fille, d'Arc promit, mais, il ne dissimula point à Thévenin, que peut-être Jeanne serait-elle peu sensible à cette marque d'attachement; car, ajouta-t-il, depuis quelque temps, elle ne rêve que gens de guerre, que bataille; sais-je moi, qui lui a mis toutes ces extravagances dans la tête? J'aimerais mieux qu'elle fût *noyée*, que de me donner de telles appréhensions : mais, je la forcerai à vous donner la main, ou je la chasserai du logis.

Thévenin ardemment épris, et se rappelant quelques paroles de bonté, que Jeanne lui avait adressées maintes fois, crut devoir prier d'Arc de se montrer moins sévère; le père insista, et invoqua les lois divines et humaines, qui soumettaient les enfans aux volontés paternelles : aussitôt, il fit appeler sa fille,

Jeanne, dit-il avec sévérité, Thévenin veut vous prendre pour femme; vous connaissez notre pauvreté, vous savez qu'il vous reste encore des frères et des sœurs que je dois pourvoir : remerciez Thévenin, malgré sa richesse, il a jeté les yeux sur vous, et vous préfère à d'autres jeunes filles qui possèdent des terres, des bestiaux, et de l'argent : reconnaissunt de sa bienveillance, j'ai promis que vous l'accepteriez. D'ailleurs, dans ce temps de trouble et de désolation, une fille court des risques infinis; je veux me débarrasser du soin de veiller sur vous; ainsi, Jeanne, présentez votre main à votre futur époux. D'Arc avançait la sienne pour prendre celle de sa fille, qui la retira vivement. Que signifie cette conduite, s'écria-t-il avec emportement? refuseriez-vous!—Oui, mon père, jamais Thévenin ne sera ni mon maître ni mon époux: Dieu ne m'appelle pas à former les liens du mariage.... *un autre sort m'attend.*—Cette fille est folle?—Non, mon père, mais je refuse Thévenin. Je sens en moi même une répugnance invincible à contracter l'union que vous me proposez; je suis loin de dédaigner Thévenin, et si le ciel m'eût ordonné de me lier à lui, j'aurais obéi; mais *un autre sort m'attend.*

— Obéis, ou regarde le [...] et n'y rentre jamais. — [...], prenez pitié de ma jeunesse, dit la pauvre fille en tombant à genoux, au nom du ciel ne me chassez pas.... mais ne cherchez point à forcer ma volonté.... *un autre sort m'attend.* — Fille perverse, sors, je ne veux jamais te voir... sors... ou crains les effets de ma juste colère..... D'Arc levait la main pour la frapper, quand Thévenin s'opposa à tant de violence. Et se plaçant entre Jeanne et son père, il lui dit avec douleur : — Pardonne-moi, fille extraordinaire, d'être la cause innocente de ton déplaisir, pardonne-moi. Je voulais te rendre heureuse, tu l'aurais été. — Non, je veux qu'elle obéisse. — Jamais, jamais, je ne serai votre épouse, Thévenin, je vous le jure. Mon père, j'accepte le malheur, j'accepte toutes les infortunes, mais aucun homme ne recevra ma foi; aucun homme ne subjuguera mon âme; elle appartient à Dieu et à mon roi. Je quitte le toit paternel..... Adieu, murs qui m'avez vue naître, vous reverrai-je jamais! je vous quitte, *un autre sort m'attend*. Et la jeune inspirée sortit au même moment.

Aussitôt, elle courut à l'église : se plaçant sur les marches du sanctuaire, Jeanne pria avec la plus grande ferveur : bientôt, réfléchissant à sa triste situation, ses larmes vinrent mouiller ses joues décolorées, repassant dans sa mémoire la scène qui venait d'avoir lieu, elle répétait en sanglottant : je suis chassée du toit paternel.... Hélas, que deviendrai-je! Dieu de bonté, devais-tu me mettre à cette épreuve; il m'a fallu désobéir à mon père, il a fallu me montrer fille rebelle et fille ingrate; mais on voulait m'unir à Thévenin.... Oh! jamais, jamais.... Si mon bras peut être utile à mon Roi, et si c'est la volonté du ciel, il serait enchaîné par ce mariage.... O mère des anges, ajouta-t-elle, en invoquant la vierge, ô mère de mon sauveur, reçois les sermens de Jeanne : je me voue à ton culte divin, jamais aucun mortel n'aura de droit sur ton humble servante ; jamais ce cœur où tu règnes, ne battra pour des motifs terrestres ; ô Marie, ô vierge sacrée, daigne toujours veiller sur moi, préserve mon imagination de pensées qui pourraient en souiller la pureté ; que je sois toute entière à toi seule : Marie, tu connais mes vœux ; vierge sainte, exauce-les, et dispose ensuite de moi : que mes yeux voient fuir l'Anglais, qu'ils voient le Bourguignon abattu, j'aurai assez vécu ! daigne me protéger, guide mon inexpérience, soutiens-moi toujours dans le sentier de la vertu ; et si ce cœur rebelle voulait s'en écarter, que Jeanne tombe alors sous le fer des bourreaux ! plutôt le trépas que la honte ! éclaire-moi.... dois-je aller chercher un asile étranger ! dois-je me réfugier chez mon oncle Laxart ? mon oncle qui m'aime tant.... Mère du sauveur du monde, manifeste ton auguste volonté par le plus léger signe, et ta servante obéira. Après avoir parlé ainsi, Jeanne immobile, attendit la réponse céleste.

Le soleil se dégageant au même instant d'un nuage qui l'enveloppait, parut dans tout son éclat. Elle crut que la vierge avait entendu sa prière, et qu'elle lui ordonnait d'aller au *Burey*, pays que Laxart habitait ; sans éprouver la moindre crainte de vivre dans le même lieu que Thévenin, elle se mit en route sur-le-champ.

La distance n'était pas considérable, aussi l'eut-elle bientôt franchie. Laxart reçut Jeanne avec les plus vives démonstrations de joie, et l'embrassa à plusieurs reprises : ces témoignages d'une véritable amitié touchèrent vivement la jeune enthousiaste, ses pleurs recommencèrent à couler : Ah ! mon oncle, dit-elle, je viens vous demander l'hospitalité, mon père ne veut plus me voir, il m'a chassée de chez lui... — Chassée, ma fille, toi ! — Oui, mon oncle, je n'espère qu'en vous pour me donner un asile. — Qu'as-tu donc fait ? — Vous allez aussi me blâmer ; mais, j'ai obéi à cette voix secrète qui dirige toutes mes actions : j'ai refusé d'être la femme de Thévenin. — De Thévenin ! — Oui, mon oncle. — Il est riche. — Allez vous dire aussi que j'ai mal fait ? Mon oncle, vous vous rappelez bien les paroles du guerrier de la chapelle, n'est-il pas vrai ? *Ma fille, un autre sort t'attend !*

Laxart était plongé dans une profonde méditation : revenant à lui tout à coup, il dit à Jeanne : Mon enfant, devais-tu sur la foi d'une illusion créée par ton imagination, refuser un mariage honorable, et qui t'élevait au-desssus de tes compagnes? pauvre fille, tu vas végéter à jamais dans ces hameaux; au lieu qu'en devenant l'épouse de Thévenin, tu pouvais être utile à tes sœurs, à tes frères, à ton pauvre père, qui bientôt ne sera plus en état de travailler... et ta mère... — Ah, mon oncle, vous déchirez mon cœur! Pourquoi n'ai-je pas fait toutes ces réflexions? peut-être aurais-je accepté!... Mais, non, c'était impossible! mon cœur se serait révolté! Ah! le ciel m'est témoin que je ne regrette ces avantages que pour mes malheureux parens... Pour moi, je préfère la misère la plus affreuse à des liens que mon cœur rejette avec toute la force dont il est doué... Oserai-je l'avouer, un intérêt puissant me subjugue, m'entraîne vers le *gentil dauphin* (1) : chaque fois que le nom de *Charles* frappe mon oreille, mon âme tressaille, mon sein palpite avec force : il me semble qu'au prix de mon sang, de ma vie même, je voudrais qu'il remontât sur le trône de ses illustres ayeux; oui je mourrais contente, si mes yeux pouvaient en être les témoins.

Son oncle répondit : Cesse de t'abuser, ma chère Jeanne, ton sort t'a fixée en ces lieux; que te reviendra-t-il de te nourrir d'espérances chimériques? Peux-tu combattre pour le roi? Sais-tu manier la lance, l'épée? Sais-tu conduire des soldats au combat? Pauvre fille, tu sais coudre, filer; laisse Charles se venger lui-même; que ferait-il de toi? — Mon oncle, si

---

(1) Jeanne n'appela jamais autrement Charles VII, avant qu'il ne fût sacré à Reims.

j'étais auprès de lui, j'échaufferais son cœur du feu qui dévore le mien; je lui dirais : Fils de France, la gloire est le seul apanage des rois : une couronne arrachée à son ennemi a plus de prix que celle qu'on tient de la naissance : combattez, sire, et mourez plutôt que d'être détrôné! — Tu crois donc qu'il est facile d'approcher des rois? — Une âme forte, courageuse, aplanit tous les obstacles. — Ceux des cours sont insurmontables. — Mais, Charles est malheureux, peut-être est-il d'un accès moins difficile. Que ne suis-je près de lui! — Sois plus raisonnable, mon enfant; ne parle plus de ces visions qui déplaisent à ton père : sois bonne fille; sois soumise à tes devoirs, et n'attire pas sur toi sa haine et son inimitié. Je verrai dans quelques jours s'il me sera possible de l'apaiser. Jeanne promit de la docilité, et courut embrasser sa tante.

Laxart tint parole, et alla visiter son beau-frère. Après des difficultés infinies il daigna promettre qu'il ne serait plus question du mariage projeté ; que Jeanne rentrerait à la maison, et que d'Arc ne lui ferait aucun reproche. Isabelle par son chagrin était parvenue à toucher le cœur qui ne ressentait pour Jeanne aucune affection paternelle. Laxart retourna chez lui, après avoir obtenu qu'elle resterait encore huit jours au Burey (1).

Pendant ce laps de temps, les troupes anglaises et bourguignones se répandirent par détachemens nombreux dans ces hameaux jusqu'alors paisibles : on poursuivait sans pitié les malheureux Armagnacs, et Jacques d'Arc fut contraint de fuir avec sa famille de Domremy, et de se réfugier à Neuf-Château. En apprenant ce

---

(1) Historique.

désastre, Jeanne engagea son oncle à la conduire vers ses parens pour partager leur détresse, et leur rendre les services qui seraient en son pouvoir.

La veille de son départ, la jeune fille voulut conduire aux champs le bétail de Laxart ; comptant sur son courage pour le défendre, elle s'éloigna du hameau de Burey, son désir étant de visiter l'arbre des fées avant de s'enfermer dans les remparts de Neuf-Château : elle s'achemina vers cet endroit, et quand elle y fut, se mettant aussitôt en prière, Jeanne laissa le soin de son troupeau aux chiens fidèles qui le rassemblaient tous les jours.

Sa prière fut longue, peut-être même un sommeil léger s'y joignit-il, ou plutôt, plongée dans de profondes réflexions, Jeanne oubliait les devoirs dont elle était chargée, quand tout à coup son oreille fut frappée d'un cliquetis d'armes : elle écoute attentivement, le bruit redouble, et ne semble pas éloigné; elle écoute encore, et ne doute plus que les ennemis ne soient à très-peu de distance.

Cependant, elle croit distinguer des cris de fureur et de souffrance; Jeanne quitte aussitôt son asile et vole sur le bord du chemin: du côté opposé à celui où elle se trouvait, elle aperçoit alors trois soldats anglais qui attaquaient un chevalier qu'à son écharpe blanche, elle reconnut pour être un Armagnac.

Se saisir de sa houlette, de ce faible instrument qui lui sert à rassembler de paisibles animaux, voler au secours du guerrier, et fondre sur les cruels avec la rapidité de la foudre, en criant à moi, Armagnacs, tout cela ne dura qu'un instant; ce cri, son action, le courroux dont sa figure est animée, les éclairs qui partent de ses yeux, intimident les assassins, qui ne portent plus que des coups mal assurés.

Du fer dont elle est armée, elle en terrasse un; le guerrier déjà blessé, se relève, fait un effort et le désarme, un autre fuit et le troisième est expirant. O ma jeune libératrice, s'écrie celui qu'elle vient de soustraire au trépas, dis quel est ton nom? — Mon nom est Jeanne d'Arc : — Ma fille, tu possèdes le vrai courage... je meurs.... un peu d'eau me serait nécessaire; toi qui es née dans ces contrées, ne pourrais-tu m'en procurer quelques gouttes... sois sûre d'une récompense. — Guerrier, en volant à ton secours, j'exposais ma vie, pensais-je alors à une récompense? Jeanne fait le peu de bien qui est en son pouvoir, et ne demande pas ce qu'elle peut recevoir en échange : celui qui voit et juge les actions des hommes, connaît ce que son âme désire. Ainsi, guerrier, ne m'offense plus par tes offres; garde ton or..... Je vais aller à la fontaine. Elle y court avec la légèreté d'une jeune biche échappée aux filets du chasseur.

Jeanne remplit un des vases dans lesquels elle avait coutume d'apporter ses provisions de la journée : elle se hâte de voler à la place où elle avait laissé le guerrier mourant. La compassion, le besoin d'être utile, lui donnent des ailes ; franchissant rapidement la distance qui la sépare de la fontaine, elle y va, et revient dans l'intervalle de quelques minutes ; quelle est sa surprise et son étonnement! elle revoit encore la place ensanglantée, le soldat anglais est couché sans mouvement sur la terre ; mais le guerrier à qui son bras sauva la vie, ne s'y trouve plus.

La jeune fille stupéfaite regarde autour d'elle si elle ne découvrira pas quelque faible indice qui puisse l'aider à découvrir ce qu'il peut être devenu : elle aperçoit une trace de sang, elle la suit pendant un assez long espace de chemin; mais hélas, bientôt cette trace légère disparaît dans un épais taillis ; pauvre guerrier, dit-elle, ces méchans Bourguignons t'ont massacré sans défense? ou peut-être te réservent-ils aux plus affreux tourmens; Vierge sainte, ô Marie, veille sur lui, protége-le. Elle cherche encore, et n'aperçoit que l'empreinte des pas de plusieurs chevaux : les Bourguignons, pensat-elle, l'ont emmené, et Jeanne retourne, à pas lents, à ses travaux champêtres.

CHAPITRE III.

Le lendemain, accompagnée de son oncle, elle se mit en route pour Neuf-Château. L'événement de la veille avait attristé son âme : son imagination active lui peignait sans cesse le guerrier succombant sous les coups des soldats bourguignons : bien qu'elle eût raconté ce fait à ses parens, elle tremblait pourtant de dire jusqu'à quel point cette disparition la tourmentait.

Son père l'accueillit avec bienveillance : ma fille, lui dit-il, j'ai pardonné à condition que votre bouche ne prononcera plus de discours qui puissent blesser mes oreilles; vous entendez, Jeanne, ce que je vous prescris. — Mon père, j'obéirai, si je le puis. d'Arc satisfait, l'embrassa.

Bientôt, elle gagna l'amitié de son hôtesse par l'obligeance de son caractère : partageant avec elle les soins nécessaires aux besoins des nombreux étrangers qui fuyaient l'oppression ; Jeanne avait l'œil partout, se trouvait partout ; laborieuse, bonne, complaisante, elle fut chérie par tous ceux qui habitaient l'hôtellerie. Tous les soirs, après le souper, on racontait tous les horribles faits des Bourguignons : tantôt, c'était un village pillé, tantôt, le temple du seigneur profané et réduit en cendres ; à ces tristes rapports, Jeanne levait les yeux au ciel, et lui adressait toujours son humble prière.

Un jour, l'écuyer d'un gentilhomme assura que le village de Domremy venait d'être saccagé, que l'église avait été la proie des flammes, et que les malheureux habitans avaient été chassés de leurs foyers par les soldats étrangers : à cette nouvelle, Jeanne fit un cri, se leva vivement, et dit avec force : Grand Dieu, que n'étais-je là, et que n'avais-je une épée ! — Ma fille, répondit son père, vous savez à quel prix je vous ai pardonné : — Oui, mon père ; mais pourquoi le ciel ne permet-il pas aux femmes de défendre la patrie! S'il nous était permis de combattre, le *gentil Dauphin* serait bientôt remonté sur le trône ! A ce discours, un pélerin qui se trouvait placé auprès du feu, tourna la tête avec vivacité, son œil perçant la regarda quelques instans ; mais il reprit aussitôt son attitude recueillie.

Plus elle était instruite des malheurs de la France, plus son impatience augmentait ; tourmentée du besoin d'offrir son bras et sa vie à son prince, Jeanne n'existait plus, pour ainsi dire, dans une ville qui se trouvait cernée de toutes parts; elle voulait revoir sa fontaine chérie, elle voulait revoir son arbre des Fées, et se flattait d'y recevoir quelque message qui la retirerait de l'anxiété qu'elle éprouvait.

Un incident singulier vint encore l'augmenter : une nuit, Jeanne tourmentée de pénibles idées, reposait sur sa couche sans que le sommeil fermât ses paupières: agitée, elle cherchait dans son imagination quels moyens il lui faudrait employer pour que ses souhaits reçussent leur accomplissement : peu satisfaite de ceux qu'elle créait, et de la difficulté de leur exécution, elle dit avec un soupir: Oh, mon Dieu, sauve le Roi! pauvre fille, hélas, je ne puis rien pour lui : pourtant, j'eusse été si heureuse de lui consacrer ma vie. Elle se tut. Au même instant, une voix se fit entendre, et dit : Jeanne, aussitôt qu'il te sera possible de te rendre à l'arbre que tu aimes, vas-y; là, tu sauras ce que Dieu exige de toi. — Qui me parle, s'écria-t-elle avec effroi? — Dieu te guidera, ma fille, dans toutes les entreprises, obéis à l'ordre qui t'est donné. Le plus profond silence succéda à cette voix sonore et pleine de dignité. Elle s'agenouilla sur son lit, joignit les mains et répondit : Voix céleste, j'obéirai aussitôt qu'il sera en mon pouvoir de le faire, comptes-y. A cette promesse, elle ajouta une prière.

Encouragée par la pensée que le Ciel daignait jeter un regard de bonté sur elle, Jeanne se flatta que son dessein d'aller vers le roi serait soutenu par la puissance de Dieu; son ardent enthousiasme s'en augmenta encore; ce n'était plus une fille timide, c'était une vierge inspirée, qui ne se croyait sur la terre que pour accomplir l'auguste mission dont elle allait être chargée.

Les obstacles de la guerre s'opposaient à ce qu'elle se rendît au lieu désigné : que de vœux, de prières, elle adressa à la puissance céleste ! Combien de fois la vit-on aux pieds des autels, priant avec ferveur, combien de fois ne reçut-elle pas l'hostie sainte, combien de fois ne se fit-elle pas entendre au pieux ecclésiastique qui dirigeait sa conscience ! Avec quelle candeur ne lui avoua-t-elle pas ses fautes ! Fautes légères, mais qui lui faisaient craindre que la moindre souillure dont son âme pouvait être entachée, ne fût un obstacle aux desseins que le Tout-Puissant avait sur elle.

Enfin, les soldats ennemis quittèrent ces contrées qu'ils désolaient : lorsqu'elle apprit leur départ, Jeanne crut y reconnaître la main de l'Éternel ; Dieu puissant, dit-elle, vous conduisez par la main votre humble servante ! Que sa vie soit utile à son roi, à sa patrie, qu'elle périsse pour tous deux, elle ne regrettera pas la vie. Ainsi s'exprimait celle qui brûlait de combattre pour la cause de la justice.

D'Arc ne se pressait pas de retourner à Domremy : Jeanne dépérissait d'impatience. O ma mère, répétait-elle souvent, je meurs ici. Isabelle cherchait à vaincre sa répugnance à rester à la ville, mais ses paroles, ses caresses ne pouvaient toucher une âme entraînée par un besoin de gloire impérieux. Enfin, d'Arc céda à leurs prières réunies ; on retourna au hameau paternel.

En revoyant les lieux où son enfance avait été si heureuse, Jeanne ressentit quelque joie : au moment où son sort va changer, au moment où peut-être elle va s'engager dans des périls qu'elle est loin de connaître, la vie simple qu'elle a menée jusqu'à ce jour lui paraît réunir tout ce qui peut constituer le véritable bonheur : Sans doute, pense-t-elle, dans cet asile, mes jours seraient exempts de soucis et d'alarmes ; hélas ! pourquoi ne puis-je jouir d'un bonheur paisible ! Mon sang bouillonne à l'idée de rester ensevelie ici, tandis que mon roi est presque chassé de ses états ! tandis que l'ennemi occupe son trône, sa ville capitale, et souille de son odieuse présence les palais de ses illustres ayeux ! Non, Dieu m'appelle pour le défendre ! Mille obstacles vont s'élever devant moi ! Je les aplanirai ! On va me regarder avec mépris, avec dédain ! N'importe, surmontons tout. Une femme, diront-ils ! et le sourire effleurera leurs lèvres insolentes ! Oui, une femme ! oui, elle seule placera la couronne sur le front royal! Elle seule! J'y parviendrai ou bien je périrai. Périr! Dieu me soutiendra. Attendons son ordre avec respect et dans le silence. C'était ainsi qu'elle se fortifiait elle-même contre les objections qu'on pouvait lui opposer.

Au premier moment où Jeanne fut libre, elle courut à son arbre favori : en l'apercevant, son cœur éprouva une émotion surnaturelle. Que vais-je apprendre ? Que va-t-on m'annoncer ? hélas! je tremble... Elle approche, regarde par-tout, le plus profond silence règne, aucun mouvement, aucun souffle ne fait trembler le feuillage : tout est tranquille, le calme de ce lieu, l'émotion qui l'agite, tout lui fait un devoir de se prosterner sur la terre, et d'adresser au Ciel ses vœux ardens.

Elle attendit long-temps, mais rien ne troubla son recueillement : elle redit intérieurement toutes les paroles qui lui avaient été adressées : souvent, elle imagine s'être trompée : Je rêvais peut-être, pensait-elle... J'ai cru qu'une voix m'avait parlé. Je suis pourtant ici, et rien ne paraît à ma vue... Découragée, elle reprit avec chagrin le chemin de sa chaumière.

Tous les jours, elle passait quelques heures sous l'arbre des Fées : tous les jours son attente était déçue : chaque soir, lorsqu'elle revenait chez son père, elle dérobait la trace des pleurs qu'elle avait versés : Hélas, répétait-elle, Dieu m'abandonne, peut-être l'ai-je offensé. Alors elle redoublait de zèle pour la religion; alors elle allait faire l'aveu de ses fautes, et participait ensuite au banquet des fidèles.

Cependant Thévenin n'était pas guéri de son amour; ne pouvant en triompher, il retourna chez Jacques d'Arc, il lui peignit le chagrin mortel qu'il ressentait de ne pouvoir devenir son gendre ; il offrit de faire de gros avantages à sa future épouse ; de plus il s'engagea à donner aux sœurs de Jeanne des terres, pour leur servir de dot ; d'Arc, touchée de tant de générosité, promit de parler à sa fille, et de lui faire comprendre que cette union ferait le bonheur de toute sa famille ; qu'ainsi, elle ne devait plus refuser un homme si brave, si loyal et si généreux : si nous manquons le but par son entêtement, dit-il, je vous fournirai un moyen infaillible. Allez, Thévenin, soyez tranquille : son cœur est bon, je ferai tous mes efforts pour vaincre sa prévention contre le mariage. Thévenin s'éloigna, espérant tout de l'obéissance qu'elle devait à son père.

D'Arc fit encore appeler sa fille : Thévenin n'est point changé, dit-il ; il sollicite de nouveau votre main ; il prétend que jadis vous lui aviez promis de l'écouter avec complaisance : si cela est ainsi, peut-être vous sera-t-il difficile de lui échapper : car ne pourrait-il invoquer les lois ! — Mon père, je puis vous assurer avec vérité, que jamais je ne l'encourageai ; mais je dois en convenir, j'écoutai sans colère les protestations de son attachement : il était malheureux, il avait droit à ma compassion. — Vous ne pouvez nier que vous ne l'ayez écouté ? — Si je disais autrement, je mentirais. Mon père, quels que soient les projets de Thévenin, quelle que soit ma destinée, je ne puis l'épouser. — Et si je mettais toute ma joie, ma satisfaction à conclure ce mariage, que feriez-vous ? — Je supplierais mon père de ne pas contraindre mon inclination. — Ainsi, je dois faire toutes vos volontés. Cependant, si je suivais la mienne, vous pourriez bien, fille rebelle, en refusant encore Thévenin, attirer s ma haine et ma malédiction.— Mon père, vous ne le ferez pas, vous êtes juste. D'Arc fut interdit de cette réponse. Il reprit bientôt, et dit : Quelles espérances faut-il lui donner ? — Aucune. Jamais je ne serai épouse ni mère. Mon choix est fait, j'appartiens à Dieu : je ne suis sur la terre que l'aveugle instrument de sa puissance. Aussitôt que ma mission sera finie, sa main en brisera peut-être l'objet : ce langage vous irrite, mon père, mais je sens au-dedans de moi une force, un courage qui peut me faire tout entreprendre et tout braver. Thévenin ne m'épouvante pas, je ne crains que votre colère. — Tu peux la craindre, fille ingrate ; je te détesterai toujours. — Mon père, quelque jour vous changerez de façon de penser sur votre fille, quelque jour son sort vous arrachera peut-être des larmes ! qui sait ce qui peut m'advenir ! Peut-on prévoir ce qui nous attend! — Jeanne, il est temps de terminer des extravagances qui vous rendent la fable du hameau : à quoi tout cela peut-il vous conduire ? A vous faire regarder comme une folle; à vous faire montrer au doigt, et devenir la risée de vos compagnes! Soyez raisonnable, et que je n'aie plus de vous aucun sujet de plainte. Je verrai si je puis adoucir Thévenin, et le ramener à des sentimens plus modérés. Jeanne comptant sur la promesse de son père, se retira très-satisfaite de cette entrevue.

Cette même journée, il lui fut impossible d'aller à son rendez-vous habituel : depuis plus de quinze jours, elle s'y rendait chaque matin, et jamais la promesse qui lui avait été faite ne s'était réalisée; elle commençait à craindre d'avoir été le jouet de quelque illusion, lorsqu'enfin son impatience fut satisfaite.

Le jour suivant, elle ne put être libre que vers le soir ; tourmentée de la plus vive inquiétude, la jeune fille courut à son arbre protecteur : le soleil était sur son déclin, quelques rayons échappés à travers les branchages, se réfléchissaient sur le hêtre majestueux : Jeanne arrive couverte de sueur, elle s'assied sous son ombrage pacifique, et là, attend avec tranquillité que l'oracle annoncé s'accomplisse.

Un léger bruit de feuilles la fait tressaillir; son imagination frappée lui persuade que quelqu'un s'avance : à l'instant où elle prêtait une oreille attentive, une branche tombe sur ses genoux : Jeanne s'en empare avec vivacité, et reste muette d'étonnement. A cette branche est suspendu un anneau d'or : la timide bergère ne sait s'il lui est permis de le prendre, elle va le rattacher au tronc de l'arbre, lorsqu'on la prévient en disant : Cet anneau est à toi, tu peux le garder comme un souvenir de la tendresse d'un père infortuné. Grand Dieu, s'écrie Jeanne épouvantée, que voulez-vous dire? — Silence, répond la même voix, silence! Dieu m'envoie vers toi, Jeanne, pour te faire connaître quel est le but où sa bonté veut te conduire; écoute ses ordres à genoux, fille prédestinée. Croisant les mains sur sa poitrine, recueillie, et dans le plus profond silence, elle obéit.

Cet anneau, ai-je dit, fut à votre père : jusques ici, vous avez cru que d'Arc était le vôtre, il ne l'est point..... un sang plus glorieux coule dans vos veines; ma fille, le sang royal est votre sang..... — Juste ciel! — Écoutez, et n'interrompez pas. Enfant d'un prince malheureux, de Louis d'Orléans (1), cruellement assassiné par

---

(1) Cette opinion était généralement

les ordres de Jean, duc de Bourgogne. — De Bourgogne ! Voilà donc le motif de ma haine pour ce nom odieux ! — Silence, jeune fille, silence. De cruelles circonstances le forcèrent de vous arracher des lieux où vous reçûtes le jour, on vous éloigna du berceau royal où vous reposiez..... on annonça votre mort, et chassée pour jamais des lambris dorés, que vos yeux virent en naissant, un hameau, des champs furent votre seul asile. — Je n'avais donc pas de mère ? — Vous en aviez une ; mais l'impérieuse nécessité, la fit consentir

---

répandue en Angleterre, du temps de Shakespear, cent trente-trois ans après la mort de la Pucelle : j'ai profité de cette erreur : j'ose dire que le noble caractère de Jeanne n'a rien perdu à sa nouvelle origine. Shakespear a composé une tragédie intitulée : *La première partie de Henri VI*, où il a traduit cette version.

à votre bannissement : vous fûtes morte aux yeux de l'univers. — Ma mère versa-t-elle quelques larmes sur le sort qui m'était réservé ? — Votre mère a pleuré. — Achevez, voix du Très-Haut, achevez, je puis tout apprendre à présent. Quelle est-elle ? — Rappelez votre fermeté, vous allez vous connaître : soutiendrez-vous sans frémir ce que je vais vous dire ? — Dieu me soutient, parlez... ma mère... — Votre mère ?... — Oui, ma mère, c'est trop souffrir... — Votre mère est la reine, votre mère est Isabeau de Bavière. — Dieu ! Isabeau ! et tremblante, elle tomba sur la terre, privée de sentiment (1).

Fille du plus aimable des princes, relève-toi. Elle obéit. Cet anneau fut des-

---

(1) J'ai pris cette version dans un ouvrage de M. Caze : *La Vérité sur Jeanne d'Arc*. Cet ouvrage est plein d'esprit et d'érudition.

tiné à la fille infortunée qui naquit d'un amour criminel... A ces mots, les sanglots de Jeanne se firent entendre. Oui, répétait-elle, d'un amour criminel. — Il désira qu'un jour il vous fût remis, vous l'avez, Jeanne. Tâchez qu'il ne vous quitte jamais. Durant Laxart n'ignore pas que vous êtes un enfant étranger à sa famille; il vous dira comment vous parvîntes en ses mains. — Charles est mon frère, s'écria-t-elle avec transport, Charles que j'appelais mon roi ! — Charles est votre frère. — Voilà donc le secret intérêt qui me portait à lui dévouer ma vie, mon bras ! Pour le sauver, je prends à témoin le ciel, je verserais jusqu'à la dernière goutte de mon sang. — Vous pouvez aller prendre sa défense; Dieu même, Dieu vous appelle à relever la couronne de France; volez vers celui qui est votre frère ! présentez-vous à lui, combattez, et le ciel bénira vos efforts. Mais, fille d'Isabelle, dérobez à tous les yeux le secret qui vient de vous être révélé; vous dévoileriez la honte d'une mère, pensez-y. Jurez devant l'Éternel présent ici, présent dans tous les lieux, jurez que ce secret sera enseveli dans votre sein. Jurez. —Je le jure. Que la mort soit le prix de mon parjure. — Cependant, vous pourrez le confier au roi : vous pourrez lui montrer cet anneau, il le connaît. Sœur de Charles, tu possèdes le vrai courage, va chasser l'Anglais de ta patrie malheureuse : Dieu te l'ordonne, Dieu te le commande; il voulut t'éprouver, il voulut connaître si tu serais rebutée par les obstacles : il vit ta constance pendant cette longue épreuve; il te jugea digne de ta mission, va la remplir, va, fille prédestinée. Tu éprouveras bien des tourmens, bien des refus, mais tu les surmonteras, et tu triompheras.

Que jamais la curiosité ne te fasse sentir son aiguillon : toujours tu me trouveras pour te protéger, toujours je serai là, Dieu le veut. Ainsi, fille d'Orléans, va conquérir ce nom glorieux, va défendre les remparts de la ville, qui fut le berceau de tes nobles aïeux, va. Après ce glorieux exploit, que ton nom ne soit autre, que celui de *Pucelle d'Orléans*. — Voix divine, voix qui daignes me guider, je l'obtiendrai, ou je mourrai, s'écrie Jeanne, en élevant les mains vers le ciel. — Tu l'obtiendras, Dieu l'a dit ; sa volonté est immuable. Prends confiance en sa parole, car de nouvelles tribulations t'attendent ; ils vont te traîner devant des juges sous prétexte de te forcer à remplir une promesse, mais tu invoqueras la vérité, et tu triompheras de l'ennemi qui te poursuit, tout en te chérissant. Va, fille d'Orléans, une destinée glorieuse, extraordinaire, t'appelle, va. Les siècles t'attendent ! Jeanne joint les mains, écoute encore, tout est muet. Elle invoque Marie, et pleine de confiance en la voix qui vient de se faire entendre, après avoir baisé l'anneau paternel, après avoir répété ces mots : Les siècles t'attendent, fille d'Orléans, elle rejoignit la maison qu'elle avait habitée comme celle d'un père, l'âme uniquement occupée de la révélation qui venait de lui être faite : mais, se promettant bien d'interroger son oncle sur quelques particularités qu'elle ignorait.

CHAPITRE IV.

Son père la gronda de sa longue absence : Depuis long-temps, dit-il, la nuit est venue, que faisiez-vous aux champs ? — Je priais, mon père, le ciel m'a écoutée. — Encore quelque nouvelle folie ? Mais, je dois vous prévenir que Thévenin vous cite chez le juge de Toul, afin que vous accomplissiez la promesse que vous lui avez faite de l'épouser. — Je vous l'ai dit, mon père, je ne lui ai rien promis. Mais, je compte sur la protection divine; je sortirai victorieuse..... Je ne crains rien. — Insensée ! — Grand Dieu ! tu sais si je mérite ce reproche : mon père, le temps vous fera connaître de quelle protection le ciel daigne m'honorer : je ne suis rien encore : mais, un jour, mon nom retentira dans toute la France : Dieu m'entend Dieu me conduira vers le but glorieux où j'aspire. Que me font les persécutions ? que me fait l'amour de Thévenin ? J'eus quelque pitié de lui, et j'en serai punie ! Non, la justice céleste ne le permettra pas. Alors, elle se retira, laissant d'Arc surpris et confondu d'un semblable langage.

Effectivement, Jeanne fut mandée à l'officialité de Toul ; décidée à ne point laisser lier son sort à celui de ce jeune homme, elle se promit intérieurement de se défendre devant les juges : après bien des prières et des supplications, elle obtint de son père, qu'un de ses frères l'accompagnerait au tribunal (1).

Le jour qui devait éclairer ou son

---

(1) Ce fait est historique.

triomphe, ou sa défaite, parut enfin : arrivée dans la cité de Toul, elle fut à l'audience où elle était mandée : Thévenin s'y trouvait, assisté d'un célèbre avocat ; Jeanne n'avait d'autre défenseur que sa beauté et sa modestie.

Une foule considérable remplissait la salle : en venant se placer à l'endroit qui lui fut indiqué, une vive rougeur couvrit la figure de la vierge de Domremy ; se rassurant aussitôt, son doux regard parcourut l'enceinte où elle se trouvait ; ne voyant sur tous les visages que des marques d'intérêt, elle reprit toute sa fermeté.

L'avocat de Thévenin fit un long préambule sur les prétendus droits de son client à l'alliance de la fille de Jacques d'Arc ; il assura que si elle n'avait pas consenti tacitement à devenir son épouse, Jeanne aurait dû refuser de l'écouter pendant plus de six mois ; ainsi, en permettant à Thévenin de lui faire assiduement la cour, c'était en quelque façon ne pas rejeter sa demande, puisqu'elle ne pouvait ignorer qu'il avait obtenu l'agrément de ses parens pour son mariage avec elle ; en conséquence, il concluait à ce que la cour la contraignît à ne plus différer sous aucun prétexte l'union projetée depuis si long-temps. Il ajouta que, d'ailleurs, elle devait encourir le blâme public pour avoir employé les ressorts de la coquetterie, afin de séduire celui quelle dédaignait aujourd'hui? Que pouvait faire ce jeune homme qui l'aimait passionnément! Il m'a juré, ajouta cet avocat, qu'une promesse solennelle avait été écrite de son plein consentement, et que ne sachant pas signer, Jeanne y avait apposé une croix, et qu'il avait tracé par son ordre le nom sacré de Jésus (1), mais qu'il ne pouvait dire ce que cet écrit était devenu : qu'il était présumable que l'accusée le lui avait enlevé sans qu'il s'en aperçût, puisque souvent, il passait avec elle plusieurs heures, soit chez son père, soit dans les champs, lorsqu'elle gardait les troupeaux qui appartenaient à sa famille. L'avocat ayant terminé, salua l'assemblée, et reprit sa place.

L'anxiété, l'émotion de Thévenin durant le plaidoyer, avait ému l'auditoire en faveur de ce jeune laboureur; de plus, il méritait l'estime générale; on pensait que celle qui le rejetait n'était rien moins que raisonnable, puisqu'il jouissait d'une réputation intacte et d'une honnête

---

(1) Jeanne n'eut jamais d'autre signature qu'une croix. Au commencement de ses lettres, on mettait les noms de *Jésus*, *Maria*.

fortune; alors on fit des vœux pour lui, un murmure général s'éleva contre elle; on désira qu'elle fût contrainte à tenir la promesse qui lui avait été faite.

Jeune fille, dit le premier juge avec sévérité, qu'avez-vous à dire pour votre défense? Quel est votre avocat? Jeanne se leva à ces paroles, et baissant vers la terre ses longues paupières, répondit d'une voix ferme; Je n'en ai point. — En ce cas, vous convenez donc des torts que l'on vous reproche? — Je ne conviens point de cela, dit-elle avec vivacité; messeigneurs, si vous le permettez, je me défendrai moi-même, Dieu me soutiendra et m'indiquera ce que je dois dire pour vous attendrir en faveur de ma cause; puis-je, messeigneurs, parler sans vous déplaire et sans encourir votre disgrâce? — Parlez, jeune fille, parlez, nous vous prêtons une oreille attentive.

Messeigneurs, reprit-elle, pardonnez, je ne sais point orner mes discours; mais la vérité seule sortira de ma bouche, je le jure devant le ciel et devant vous, messeigneurs; Thévenin m'accuse d'avoir écouté depuis long-temps les assurances de son attachement; il est vrai, je ne le rebutai point comme j'aurais dû le faire : mon père le chérissait; il nous rendit quelques services dans les jours du désastre de notre hameau ; il m'aimait si tendrement! pouvais-je être assez cruelle pour déchirer sans pitié ce cœur qui était tout à moi! Souvent, je le voulais : hélas! ses larmes, son désespoir me rendaient faible : j'attendais toujours, j'espérais que ma froideur et mon indifférence le guériraient : je me suis trompée! Il m'accuse de coquetterie, moi! qu'il le dise, si jamais ma bouche a prononcé une seule parole qui pût lui donner la moindre espérance, qu'il le dise! j'aime Thévenin comme on aime un frère, voilà tout. Il m'accuse encore de lui avoir donné, par écrit, une promesse d'être sa femme; il en impose, jamais, jamais, je ne le fis. Il sait si, dans nos conversations, je n'ai pas témoigné cent fois mon extrême répugnance pour le mariage : il doit se rappeler avec quelle ardeur je le priai de ne pas rechercher l'agrément de mon père pour cette union ; il sait si j'en impose : oui, j'ai toujours refusé sa main, et aujourd'hui je la refuse de nouveau en face de tous ceux qui m'entendent; jamais la couronne nuptiale n'ornera mon front! jamais je ne serai l'épouse d'aucun homme, je le jure! Si cette assurance peut calmer son regret, je la lui donne. Cependant, je dois me plaindre à lui de la faute qu'il a commise? il veut m'abreuver de honte? Il dit que je lui ai soustrait cette même promesse ? Moi, m'avilir à ce point ! Si j'eusse été assez faible pour la faire, quelles qu'en eussent été les suites, je l'aurais tenue, quoique je ne possède pas les vertus qu'on a droit d'exiger dans une épouse. Mais, je le répète encore, je n'ai rien promis. Je fus touchée et je fus attendrie à la vue de ses profonds chagrins. Je l'avoue, je n'ai pu demeurer insensible à ses tourmens ; voilà toute ma faute. Me punirait-on de ma pitié ! Thévenin, je vous somme de répondre au moment même, ici, devant Dieu, devant la justice des hommes ; répondez, vous ai-je promis mon cœur et ma foi ? répondez. J'attends de votre probité, de votre honneur, la simple vérité. Que vous ai-je promis ? — Rien, chère Jeanne, rien, hélas ! — Généreux ami, je n'attendais pas moins de vous. Vous l'entendez, messeigneurs : suis-je coupable ? et m'ordonnerez-vous de devenir sa femme ? — Non, jeune fille, non, sois maîtresse de toi-même, va, retourne dans ta famille, dit le juge. Ah ! monseigneur, s'écrie Thévenin, prenez pitié de ma douleur, intercédez pour moi, priez-la d'être ma femme : je meurs si je ne l'obtiens. Chère et bien-aimée Jeanne, vois mes larmes, ordonne de ma vie, de mon être, de moi ! Veux-tu mon sang ? Veux-tu qu'il soit répandu à tes yeux ? Tu n'as qu'à dire un seul mot, je me perce le cœur..... Et pourquoi refuser ta main à l'homme qui t'aime au-delà de toute expression ? Qui jamais te chérira comme moi ! réponds. Veux-tu toute ma fortune ? — Je ne veux rien, dit Jeanne en baissant les yeux, je ne veux rien. Croyez, Thévenin, que je vous sais un gré infini de m'avoir préférée à toutes mes compagnes, croyez que je ne suis pas ingrate.... Mais,

hélas ! mon sort ne dépend pas de moi.....
L'avenir qui m'attend est encore incertain ! Qui sait ce qu'il me réserve ? Mais, que dis-je ! Si je pouvais obtenir quelque gloire, que m'importerait que ma carrière fût abrégée..... Oui, elle le sera.....
Une mort cruelle..... Je la vois..... et ne puis l'éviter. Une vie obscure ne peut être la mienne ! La gloire m'attend, la gloire m'appelle ! Thévenin, je vous refuse, mon destin m'entraîne. Souvenez-vous quelquefois de Jeanne ; quant à elle, vous serez toujours son ami. Si le ciel la protége long-temps, s'il lui est possible, elle reviendra finir sa carrière au hameau témoin de ses premiers jours. Jeanne vous reverra peut-être..... Mais, non, la main du sort nous sépare à jamais ! Après ces paroles, qui étonnèrent les assistans, Jeanne redevint calme, sa belle figure reprit sa sérénité, elle tendit la main à Thévenin, et lui dit avec douceur : mon

ami, ne me haïssez pas. Adieu.—Adieu, dit-il, adieu; jamais, jamais de haine pour toi. Tout le monde se sépara.

D'Arc fut très-mécontent de l'issue de cette affaire, il ne put dissimuler son dépit : ainsi donc, dit-il à Jeanne, vos rêveries reviennent avec plus de force que jamais ; tout le monde en est instruit. Non-seulement vous rejetez un mariage honorable, mais vous affichez vos extravagances en tous lieux ; que signifiait ce langage d'une inspirée ! que vouliez-vous dire ?—Les paroles qui découlaient de mes lèvres étaient émanées de Dieu seul.— Croyez-vous que vous soyez libre d'accomplir ces mêmes visions ? — Si le ciel le permet, qui osera s'opposer à sa volonté ? serait-ce de faibles mortels ! que peuvent-ils contre sa toute-puissance ?— Jeanne, je dois vous avertir que si vous persistez à vouloir combattre avec les gens

d'armes du roi, je m'y opposerai de tout mon pouvoir? Siérait-il à une jeune fille de se rendre au camp avec des soldats! de quelle honte ne serait-elle pas couverte!
— Mon père, Dieu se placera entre moi et ceux qui voudraient m'outrager! sa main formidable me protégera! je ne crains rien. — Cessez un tel discours...... Retirez-vous....... retournez chez Laxart, et ne reparaissez ici, que lorsque la raison aura repris son empire sur votre esprit.— J'irai, mon père..... j'irai. Elle s'occupa aussitôt d'apprêter ce qui lui était nécessaire pour le nouveau séjour quelle allait faire chez son oncle.

Un motif puissant la conduisit avant le moment fixé pour le départ, à cet arbre, qui fut le témoin de la révélation de sa naissance mystérieuse : arrivée sous son épais abri, elle s'agenouille et élève son âme vers le tout-puissant : malgré toute sa ferveur, souvent elle interrompait sa prière pour écouter, rien ne troublait le religieux silence de ces lieux.

Je vais partir, dit-elle, en poussant un profond soupir : voix céleste, voix qui devez être mon guide, n'avez-vous rien à me prescrire ! Elle se tut, et attendit la réponse avec la plus pénible anxiété.

Toujours à genoux, et les mains croisées sur sa poitrine, elle continue son oraison, elle espère que le messager divin l'exaucera ; elle obtint enfin ce quelle désirait avec une si vive ardeur.

Ma fille, dit cette voix qui la faisait toujours tressaillir, vous êtes sortie victorieuse d'une pénible épreuve, je le sais : votre courage, votre énergie ont surmonté les obstacles qu'on vous opposait : maîtresse de vous, de votre main, rien ne doit plus vous empêcher d'exécuter l'ordre du ciel : allez, Jeanne, allez vers

Baudricour, gouverneur de Vaucouleurs, dites-lui que Dieu vous a choisie pour délivrer la France du joug de l'Anglais; dites-lui qu'il vous envoie au roi. — Moi, moi, chétive créature, aller vers messire Baudricour ? — Déjà vous chancelez ! déjà de la faiblesse ! avez-vous oublié le sang dont vous sortez ! ne bouillonne-t-il pas dans vos veines ! et pensez-vous que Charles refuse de reconnaître pour *sœur* celle qui lui remettra la couronne sur le front ! Je vous l'ai dit, jeune fille, le ciel l'ordonne ! le ciel vous soutiendra dans vos travaux. Quels sont vos droits au rang de vos aïeux ! qui pourra vous en croire digne ! il n'y a que des prodiges de valeur qui puissent effacer la honte de votre naissance ! Vous-même, il y a peu de temps, vouliez offrir votre bras au monarque malheureux, et au moment de l'exécution vous tremblez.... — Je ne tremble point. Je crains seulement des refus. — Et quand vous en éprouveriez, votre gloire n'en sortirait que plus pure, et plus brillante : des refus ! Baudricour ne peut vous recevoir sur votre seule parole, il doit attendre, il doit connaître si votre caractère est ferme et suceptible de surmonter les contrariétés et les difficultés qui vont se présenter en foule dans la carrière où vous allez entrer. Et pourquoi, fille ingrate, doutez vous de la bonté céleste ? qui vous apprit de quel sang vous sortez ! Qui vous protégea jusqu'à ce moment ? Pensez vous que Dieu ne puisse éclairer celui à qui vous vous adresserez ? Vous sied-il de le craindre ! Allez, et ne vous rebutez pas. Un silence profond succéda à ce discours.

Fortifiée par le nouvel ordre qu'elle a reçu, Jeanne se décide à prier Laxart de l'instruire de toutes les circonstances qui la remirent en ses mains; elle se détermine à se confier à lui et à le supplier de vouloir bien l'accompagner chez le gouverneur Baudricour.

Cherchant le moment propice pour obtenir ces éclaircissemens, Jeanne suivit un jour Laxart dans le champ qu'il cultivait : après s'être assurée que personne ne pouvait entendre sa conversation, elle s'avança et lui dit : Mon oncle, la céleste voix qui me protége, m'ordonne d'aller chez le gouverneur de Vaucouleurs, Dieu le commande, je dois obéir... — Que veux tu faire, mon enfant, chez messire de Baudricour ? — Je veux lui dire qu'il m'envoie vers le *gentil Dauphin* ; à moi seule est réservée la gloire de chasser l'ennemi qui envahit la France, à moi seule est réservée la gloire de faire remonter Charles sur le trône de ses nobles aïeux! — O ma fille, quelque imposteur abuse de ta crédulité, de ta franchise! — La voix de Dieu ne peut tromper..... Eh bien, mon oncle, car je veux vous appeler toujours ainsi; mon oncle, cette voix m'a révélé un secret important.... — Que veux-tu dire? explique toi. — Elle m'a dit que d'Arc n'était pas mon père : m'a-t-elle trompée? répondez. — Cette voix a dit l'exacte vérité, ma fille, il est vrai. — Grand Dieu! je dois avoir confiance en ses promesses? si c'était l'unique moyen de retrouver ma famille?—Jeanne, la connaissez vous?—Ce secret doit rester enseveli dans mon sein. Enfin, mon oncle, comment et par qui vous ai-je été confiée? veuillez m'en instruire : je brûle de savoir qui me remit en vos mains.—Ecoute ce récit, mon enfant, il ne sera pas long. Ecoute. Laxart commença ainsi :

CHAPITRE V.

Peu de temps après mon mariage avec la sœur d'Isabelle Romée, de celle que tout le monde croit ta mère, je vins me fixer au *Burey*; j'y vivais tranquille, et, par un travail assidu, je suffisais aux besoins de ma famille, qui n'était pas nombreuse, puisque le ciel ne m'accorda qu'un enfant : Isabelle venait d'accoucher : je fus parrain de sa fille et la nommai Jeanne ; Catherine, ma femme se chargea de la mettre en nourrice, on la plaça dans un village voisin ; nous devions veiller sur elle, et sa tante s'en acquitta avec zèle et amitié : cette petite devenait très-forte et se portait bien, lorsqu'un événement imprévu nous l'enleva d'une façon cruelle.

Les fêtes de Noël arrivèrent : je voulus en profiter pour aller voir notre filleule, nous partîmes ; le temps était beau quoique très-froid, bientôt il changea : une neige abondante couvrit les chemins, les prés, les arbres et nous mêmes ; nous arrivâmes enfin glacés et transis au village où se trouvait l'enfant.

On nous reçut très-bien, nous passâmes toute la journée à nous divertir : vers le soir on se mit à chanter et à danser ; le mari de la nourrice, encore jeune et étourdi, faisait mille extravagances : dans ses folies, il s'échauffa beaucoup, voulant se rafraîchir, il ôta son habit et le jeta sur le berceau où dormait la fille de Jacques d'Arc.

Personne ne fit attention à ce mouvement; nous continuâmes à rire et à nous amuser; l'heure de se coucher sonna, et tout le monde s'étant retiré, nous restâmes seuls avec la nourrice et son mari. Etonnés du long sommeil de l'enfant, cette femme s'approche de son petit lit : un cri terrible lui échappe, elle voit avec terreur un habit jeté entièrement sur cette petite innocente ; elle l'enlève avec crainte, et s'aperçoit, hélas, qu'elle est inanimée.

A ce cri du désespoir nous accourons : notre sang se glace à cette vue : on soulève la victime d'une si grande imprudence ; soin superflu ! elle ne donne aucun signe d'existence. La douleur succède au plaisir : cet homme se faisait mille reproches, et nous fûmes contraints encore de l'engager à modérer son affliction ; nous l'assurâmes que jamais les parens ne sauraient de quel genre de mort leur enfant avait péri. Nous lui promîmes de garder le plus profond silence sur un semblable malheur ; cette assurance calma un peu les regrets auxquels il était en proie.

La nuit s'écoula tristement : après avoir tout disposé pour enterrer dans le plus grand secret ce pauvre petit être, nous partîmes pour remplir le pénible devoir d'en instruire sa mère; nous craignions sa douleur, car depuis long-temps elle avait souhaité une fille, et n'avait cédé qu'avec répugnance au désir que nous avions de l'emmener près de nous.

Nous cheminions en silence : la neige tombait encore avec plus d'abondance que la veille. Je réfléchissais avec Catherine à ce que nous devions inventer afin de préparer Isabelle à la perte qu'elle venait de faire; tous les moyens qui se présentaient à notre imagination se trouvaient maladroits, et nous tremblions que les détours, dont nous allions nous servir, ne découvrissent le malheur qu'il fallait cacher au cœur maternel.

Dans la route nous vîmes un guerrier qui nous suivait à peu de distance : enveloppé dans un énorme manteau, il paraissait occupé de soustraire à la rigueur du froid, un objet qui semblait l'intéresser beaucoup; souvent il s'arrêtait, recouvrait ce même objet avec le plus grand soin, et loin de hâter les pas de son coursier, il ne le faisait avancer qu'avec une extrême précaution.

Enfin il s'approcha de nous : Mes amis, nous dit-il, ne pourriez vous m'indiquer un gîte pour cette nuit ? le froid augmente, il me faudrait trouver un abri, non pas pour moi, mais... le cri d'un enfant l'interrompit; mais pour cette petite infortunée que je tiens en mes bras, hélas! je tremble que le froid ne la fasse périr....

— Donnez, s'écria ma femme, donnez; monseigneur, je vais la réchauffer contre mon sein.... cette cuirasse, ce fer, dont vous êtes revêtu, doivent glacer ses petits membres délicats. Le guerrier sauta à bas de son cheval, et posa l'enfant dans les bras de celle qui la demandait, alors il prit la bride de son coursier, et marcha à côté de nous.

Arrivés au logis, nous allumâmes un feu clair pour réchauffer la pauvre petite; ma femme se plaça devant la cheminée, et se mit à la déshabiller : ô mon Dieu, s'écria-t-elle, la jolie figure, la belle peau! chère petite, voyager si jeune! sans doute, tu n'as pas de nourrice ? Ah! que ne puis-je t'en servir! et cette bonne Catherine l'embrassait cent et cent fois.

Le chevalier, (car c'en était un, puisqu'il avait des éperons d'or), ayant posé son casque sur la table, regardait cette scène attentivement, quelques larmes coulaient lentement sur ses traits mâles et prononcés : chère enfant, disait-il, que vas-tu devenir ! Cette exclamation attira l'attention de ma femme, elle fixa les yeux sur le guerrier, et dit : Chevalier, expliquez-vous, cette enfant ne vous appartient donc pas ?—Oh non ! elle n'a plus de parens; poursuivie par un destin fatal, il faut la soustraire à tous les yeux... En un mot, jamais elle ne doit revoir ceux qui composent sa famille.. Braves gens, voulez-vous l'adopter? voulez-vous l'élever comme un des vôtres ? Ah ! si vous la rejetez, qui sait en quelles mains je serai forcé de l'abandonner. Catherine me regarda, des pleurs baignaient son visage. Je la prends, dit-elle ; qu'elle soit à moi, guerrier, j'en aurai soin. Jamais, j'en jure par l'Éternel qui entend les sermens des hommes, jamais elle ne nous quittera. Quel est son âge ? — Environ deux mois. — A-t-elle un nom ? — Elle n'en a aucun. — Hélas, bel ange, tu es à moi, reçois le nom de

Jeanne, je te le donne, et sois plus heureuse que celle qui le portait. — Vous prenez donc l'engagement sacré de vous en charger? — Nous le prenons, ajoutai-je. — Amis, chers amis, de quel poids vous soulagez mon cœur, dit le guerrier, en nous serrant dans ses bras : promettez-moi, sur-tout, de l'instruire dans la religion, de la rendre pieuse, soumise au Tout-Puissant. Peut-être un jour reviendrai-je en ces lieux! quels sont vos noms? — Durand Laxart et Catherine Romée. Le chevalier tira des tablettes de son sein et écrivit nos deux noms — Vous dites donc que cette petite Jeanne sera votre enfant? qu'elle portera le nom de votre fille? — Non, monseigneur, non; mais nous la placerons chez notre sœur Isabelle, femme de Jacques d'Arc, à qui un malheur affreux vient d'enlever une fille qu'elle aimait beaucoup. Nous substituerons celle-ci à la sienne ; l'autre avait six mois, mais dans quelque temps il sera difficile de reconnaître la supercherie. Le guerrier écrivit encore les noms que nous venions de prononcer ; alors, se levant avec dignité et pressant la pauvre petite sur son cœur, il dit : Sois heureuse dans l'état où je te laisse, chère Jeanne ; reçois mes vœux, mes bénédictions.... Hélas ! c'est tout ce que puis faire pour toi..... Cependant un jour je reviendrai, si la mort ne me frappe dans les combats. Aussitôt il tira de sa ceinture une bourse remplie d'or, et la posant sur la table, il ajouta : Puisse ce présent fructifier, mes amis, entre vos mains et vous rendre au centuple ce que vous faites aujourd'hui pour secourir l'enfance abandonnée. Adieu, mes braves amis. Adieu, toi, enfant, qui aurais dû être si fortunée, adieu, adieu. Et ses sanglots lui étouffèrent la voix. Il remonta sur son coursier, quoique la nuit fût obscure, et s'éloigna. Hélas! je ne l'ai plus revu. Plus de vingt ans se sont écoulés depuis cet événement.

Eh bien, s'écria Jeanne, après avoir entendu ce récit, eh bien, c'est à lui, je n'en doute plus, c'est à lui que je sauvai la vie, il y a peu de temps : ce guerrier qui me remit en vos bras, était *Armagnac*. N'est-il pas vrai? — A cette époque, ma fille, on ne connaissait point cette dénomination; on disait seulement *Orléans* et *Bourgogne*. — Enfin, mon oncle, comment avez-vous pu me substituer à l'enfant de celle qui eut pour moi les sentimens d'une mère? — Aussitôt que le chevalier fut parti, nous ouvrîmes la bourse, nous en fîmes deux parts égales, une pour Isabelle et l'autre pour nous.

Durand, me dit ma femme, si nous retournions chez la pauvre nourrice? si nous mettions cette petite à la place de celle qui vient de mourir; dis, qu'en penses-tu? — Tu as raison, Catherine; partons à l'instant, nous arriverons avant le jour, et tous ensemble nous aviserons à ce que nous avons à faire. Partons. Catherine t'enveloppa et nous sortîmes de la maison.

Nous fîmes la plus grande diligence; le jour ne paraissait pas encore que déjà nous frappions à la porte de celle qui devait te donner la première nourriture. Ces pauvres gens ne dormaient pas; tous deux à côté du berceau qui renfermait les restes inanimés de la fille d'Isabelle, pleuraient le malheur qui venait de les frapper.

Ils reconnurent ma voix et nous ouvrirent à l'instant : inquiets de notre prompt retour, ils craignirent que nous n'eussions porté plainte contre eux : la pauvre nourrice sanglota à cette idée. O Monsieur Laxart, dit-elle, ne perdez pas mon pau-

vre mari! vous savez s'il l'a fait par méchanceté; vous le savez. — Calmez-vous, bonne femme, n'étais-je pas ici : j'en suis presque complice; mais le ciel semble nous protéger, écoutez. Quelqu'un a-t-il connaissance de la mort de Jeanne ? — Personne ne le sait encore.—Eh bien, dis-je, en te découvrant, eh bien, voici qui la remplacera. Cet enfant est l'enfant de la Providence, cet enfant n'a pas de famille : que celle de Jacques d'Arc, soit la sienne. Vous me promettez de garder le secret....
— Nous vous le promettons. Et notre intérêt ne vous répond-il pas de notre discrétion? dirent-ils en même temps. — En ce cas, dis-je à la nourrice, ensevelissez cet enfant, votre mari et moi nous allons confier son cadavre à la terre. Pauvre petite, ajoutai-je, je ne puis te donner une sépulture chrétienne, mais le Tout-Puissant connaît nos intentions et nous par-

donnera en faveur du motif. On te déshabilla cette fois avec soin, on examina ton corps et les langes qui t'enveloppaient, ils étaient de fine toile : aux coins il nous sembla y voir les traces d'une couronne, mais qu'on avait pris le soin d'effacer.

On remarqua sur ton épaule droite un signe représentant une croix, ce signe nous parut étrange : alors nous décidâmes qu'il fallait instruire Isabelle de la mort de son enfant, puisque cette marque suffisait pour lui faire connaître que tu ne lui appartenais pas.

Nous allâmes dans le verger, et là nous creusâmes une fosse profonde; quand nous eûmes fini, nous y portâmes religieusement le corps de cet être innocent qui périssait avant de connaître les peines dont la vie est semée; nous le plaçâmes dans sa dernière demeure et le recouvrîmes promptement de terre; sur cette tombe isolée nous plantâmes un buisson d'aubépine, en mémoire de son innocence et de sa fin malheureuse.

Après avoir rempli ce triste office, nous retournâmes à notre village : peu de jours après cet événement, Catherine invita sa sœur à passer quelques jours avec nous : Isabelle vint, et apprit quel avait été le sort de son enfant ; elle pleura, gémit beaucoup, mais nous lui fîmes un portrait si touchant de celle qui avait pris la place de sa fille, qu'enfin elle consentit à la voir et à garder le plus profond silence sur ce changement.

Nous nous rendîmes ensemble chez la nourrice ; Isabelle, en revoyant cette chaumière où la mort lui avait enlevé un bien précieux, laissa couler en silence sur sa pâle figure les larmes maternelles: mais ta gentillesse, mais ton doux sourire diminuèrent insensiblement la douleur qui l'oppressait; elle te caressa, et prit enfin pour toi, ma fille, une amitié qui ne s'est jamais démentie. Nous partageâmes en frères, l'or qui m'avait été remis, mais ta mère fut forcée d'employer un mensonge pour en dérober la source à celui qu'on nommait ton père : on l'assura que ce trésor avait été enseveli dans une des mesures qui fesaient partie de l'héritage de la famille de Catherine et d'Isabelle, et qu'en la faisant démolir, j'avais été assez heureux pour le découvrir. D'Arc le crut, parce que cette somme apportait de l'aisance dans sa maison. Ainsi, chère Jeanne, enfant de l'infortune, ta présence donna le bonheur à ceux qui t'adoptèrent.

Ah! ne me nommez pas l'enfant de l'infortune, mon oncle; que puis-je désirer de plus? Dieu m'a-t-il jamais abandonnée; ne me conduit-il pas, pour ainsi dire, par la main? Qu'ordonne-t-il à présent de moi? il veut que je marche à la gloire! à la gloire! que ce mot enflamme mon courage! et je balancerais! ô mon oncle, vous connaissez mon ardent désir, vous connaissez la mission dont le ciel m'a chargée; vous ne pouvez plus différer, ni refuser de me conduire chez messire de Baudricour; si vous me refusiez..... j'irais seule, au risque de tout ce qui pourrait m'arriver. — Chère fille, puisse cette résolution extraordinaire ne pas causer ta ruine et ton malheur. — Eh bien, quand il serait vrai, que je fusse déjà sous le poids de la fatalité, j'envisagerais la mort sans trembler, pourvu que mon front fût couronné par la victoire! pourvu que je puisse servir d'instrument à la puissance divine! pourvu que je puisse replacer mon roi sur le trône! après un tel bonheur, que me ferait la vie! Tous ces guerriers qui tombent sous le fer de l'Anglais, songent-ils, en combattant, que peut-être ils ne reverront plus la maison de leurs pères ! Ils volent au champ d'honneur, une flèche cruelle perce leur sein généreux, ils n'ont d'autre regret en expirant, que de savoir que ce sang, dont la terre est baignée, n'est pas répandu pour venger leur souverain. Ah, la seule douleur qu'ils doivent ressentir, est de voir l'ennemi souiller le beau sol de leur antique et noble patrie. Cher Laxart, je vous en supplie, écoutez ma prière, ne la rejetez pas, et conduisez-moi vers messire Beaudricour. — Eh bien, ma fille, eh bien, j'y consens. Puisse-tu réussir à le persuader. — Dieu m'inspirera, et Dieu lui ouvrira les yeux. Je compte sur son appui. — Demain à la pointe du jour, sois prête, et nous partirons. — Demain ! vous ne m'attendrez pas.

CHAPITRE VI.

Le soleil ne paraissait pas encore sur l'horizon, que Jeanne avait déjà quitté son humble couche; dévorée du désir de se voir à la tête des hommes d'armes du roi Charles, espérant pouvoir faire passer dans leurs âmes, le feu du courage dont son sein généreux était animé, cette jeune enthousiaste sentait au-dedans d'elle-même le noble orgueil du sang illustre qui coulait de ses veines. O Dieu, répétait-elle à voix basse, est-il possible que moi, pauvre fille inconnue, je sois la sœur du monarque de France! Moi, moi, dois-je le croire! dois-je me laisser entraîner à cette vaine illusion! Si cette voix m'avait trompée! si, voulant me rendre la fable du monde, elle avait choisi ce moyen pour me perdre ! Qu'ai-je dit ? quoi, mon courage chancelle déjà ? Et cette élévation qui agrandissait mon âme, et ce désir inquiet qui me poursuivait partout, et cet impérieux attrait qui m'entraînait loin de ces lieux, ne sont-ils pas des indices certains de ma naissance ! O heureuse Jeanne, quel bonheur pour toi, si le ciel te protégeait assez, pour que tu pusses réaliser les projets qui germent depuis si long-temps dans ton cœur ! Oh ! quelle joie ! pourraient-ils alors refuser de me reconnaître ? Et ma mère..... et la reine..... Ah ! n'y comptons jamais ! ne dit-on pas quelle hait son fils ! ne dit-on pas qu'il lui doit ses malheurs ! la perte de sa couronne ! ô Dieu ! mais, non, il ne se peut. Qu'importe ! si je puis remplir la France de mon nom... si je puis m'élever au dessus de mon sexe, alors, j'irai me jetter aux pieds de ma mère, et là je demanderai sa bénédiction ! Quelle ivresse pour mon âme, si seulement j'entendais sa noble voix ! si elle me disait : Ma fille, je suis contente de toi !.... Le jour paraît, allons chez messire Baudricour.

Jeanne descendit pour appeler Laxart. Elle s'était revêtue de ses plus beaux habits ; ne négligeant point les avantages qu'elle avait reçus de la nature, elle laissa tomber les boucles de ses jolis cheveux sur ses épaules ; pleine de confiance en Dieu, comptant sur sa protection, son oncle et elle se mirent en route pour Vaucouleurs.

En arrivant au château du gouverneur, son cœur éprouva une légère émotion : Que puis-je craindre, pensa-t-elle aussitôt, ces soldats doivent-ils m'intimider ! ne dois-je pas bientôt en commander ! reprenons courage, et ne faiblissons pas. Ils firent demander un moment d'entretien à Robert Baudricour qui, dédaignant de les recevoir, leur dépêcha un officier, afin qu'ils lui expliquassent ce qu'ils désiraient.

Retournez vers messire Robert, dit-elle avec fierté, dites-lui que Jeanne d'Arc, est envoyée près de lui par l'ordre du ciel : dites-lui qu'il ait à la faire conduire vers le *gentil Dauphin*. Dites-lui, que Dieu lui a commandé de chasser l'Anglais de la France : elle le fera. Qu'on lui donne des gens d'armes, elle répond du succès de son entreprise : Dieu la protège. C'est moi qui suis cette fille; allez, et rapportez-moi sur-le-champ la réponse de messire Baudricour, allez.

Baudricour demeura étrangement surpris du rapport de cet officier. — Quelle est cette femme qui rêve de telles extravagances ? dit-il. — C'est une jeune fille fort belle, monseigneur. — La pauvre enfant est folle. — Je ne le pense pas. — Ainsi, il me faut donc l'envoyer au roi ? — Je ne dis pas cela, monseigneur. — Vous la croyez inspirée par l'Eternel. Peut-être va-t-il faire un miracle pour sauver la France!...... elle en aurait besoin. Malheureusement dans quelques mois nous serons subjugués par l'épée de l'Anglais. — Espérons, monseigneur. — De quelle classe est cette fille ? — C'est, je crois, la fille d'un laboureur : sa taille est élevée, elle paraît forte et courageuse.... si j'osais dire mon sentiment, je pense que monseigneur devrait l'entendre, peut-être changerait-il d'opinion à son égard... elle paraît inspirée, convaincue. — Oui, vous avez raison ; je l'enverrai ensuite à la cour, et je serai le jouet des favoris. Allez vers elle, et dites-lui que je ne puis écouter de semblables rêveries : qu'elle retourne dans son village, filer, coudre, et qu'elle ne vienne plus me rompre la tête de ses visions. Allez. L'officier rendit ce discours à Jeanne, qui répondit : Dites à messire Baudricour, que le moment n'est pas éloigné, où il sera forcé de me croire, et de m'envoyer vers le *gentil Dauphin*. Elle sortit aussitôt.

Attristée du peu de succès de sa démarche, Jeanne retourna *au Burey* avec son oncle : la route fut silencieuse, elle rêvait aux moyens qu'il fallait employer pour forcer Baudricour à l'envoyer à Chinon, où se trouvait alors le roi : toujours active, toujours entraînée par son imagination, elle résolut de prendre les habits de Laxart, et ainsi vêtue, de se présenter à celui qui la rejetait.

Affermie dans le projet qu'elle avait conçu, elle reprit sa sérénité : marchant à côté de son guide, elle l'interrogeait sur les bruits qui se répandaient partout, des succès des armées anglaises. On dit, ajouta-t-il, que bientôt le roi Charles sera forcé de fuir à jamais le royaume qui appartenait à ses aïeux... — Oh non, cher Laxart, oh non, jamais cela ne sera. Les Anglais seront chassés eux-mêmes, la voix céleste ne m'appelle-t-elle pas à les combattre ? — Pauvre fille, on ne t'écoutera pas. — Pensez-vous que je me rebute ? je les forcerai à m'employer dans leur guerre, ils ne pourront vaincre ma persévérance ! Bientôt ils seront si malheureux que cet espoir de salut sera le seul qui leur restera. Mais laissons au ciel la conduite de cette importante affaire. Qui peut lui résister ? qui peut s'opposer à ses décrets ? Après ces mots, Jeanne quitta son oncle.

Sans perdre un seul moment, elle se rendit au lieu où elle avait appris son illustre origine; se mettant à genoux et joignant les mains avec la plus vive émotion : ô vous qui m'avez ordonné d'aller vers Baudricour, vous le savez, sans doute, il m'a rejetée... Que dois-je faire ? — Persister dans l'ordre qui vous fut donné. — Et s'il me chasse toujours ? — Du courage, et vous triompherez. — S'il ne veut jamais m'entendre ? — Comment ! vous, Jeanne, vous qui descendez d'une tige royale, vous craignez le pouvoir d'un homme ; vous ! Croyez-vous, que pour être reconnue de votre auguste famille, il ne vous faille pas sortir de l'état misérable où de malheureuses circonstances vous ont placée! Oseriez-vous vous dire fille de France ? l'oseriez-vous ? Retournez vers le gouverneur et ne vous laissez pas intimider par ses discours hautains : allez. — Mon dessein était arrêté; je voulais y retourner promptement. Puis-je, ô vous qui me protégez,

vous que je ne connais pas; puis-je vous dire ce qui se passe dans mon ame?—Parlez.
—Eh bien, si je marchais avec les hommes d'armes, si je me trouvais au milieu du carnage, au milieu des mourans, des morts, mon cœur ne faiblirait pas : mais il s'indigne, mais il se révolte à l'idée d'adresser une prière et de ne recevoir que des offenses! voilà, ô mon guide, voilà le motif de mon hésitation! Placée au centre, à la tête de l'armée, vous verrez si je ressens la moindre crainte.—Oh! quel enthousiasme! voilà les traits de son père! voilà ses yeux vifs et ardens! ô ma fille, tu triompheras de tous les obstacles. Suis les mouvemens de ta belle ame; aussitôt qu'ils t'auront donné des soldats, va faire lever le siége d'Orléans, c'est l'apanage de ta noble famille. De là, conduis à Reims, ton souverain, fais oindre son front majestueux de l'huile sainte: tu pourras demander

ta récompense.— Ma récompense, je n'en veux pas d'autre que celle de le faire reconnaître pour monarque par toute la France! n'aurai-je pas assez de gloire? Je reviendrai alors près de ceux qui m'aimèrent aux jours de mon malheur et de mon abandon.— Cœur magnanime, cœur généreux! est-il rien de plus noble que de se dévouer pour le salut de son pays! Où peut-on trouver plus de célébrité! jeune inspirée, aimable fille, toi qui fus choisie parmi toute une nation pour opérer un grand miracle, sois fière d'entreprendre cette tâche glorieuse ; chasse l'Anglais de nos rives chéries, qu'il retourne en ses foyers et qu'il emmène avec lui tous les maux qu'il fait peser sur notre déplorable patrie! c'est une tâche illustre, mais pénible, mais dangereuse : je ne puis te cacher que tu vas attirer sa haine sur toi, une haine implacable.

Puisses-tu triompher des pièges dont ils vont t'entourer. — Si ma mission est couronnée du succès, que n'importera une longue vie : et s'il faut sceller de mon sang le bonheur de la France, je te l'offre, grand Dieu, tu peux en disposer. A cette prière, que Jeanne prononça à haute voix et du fond de son cœur, elle crut entendre un soupir : elle releva ses beaux yeux qui jusqu'à ce moment avaient été baissées vers la terre, promena son regard autour d'elle et ne vit rien. Recueillie et répétant les ordres qui venaient de lui être donnés, elle se retira lentement de ce lieu où une nouvelle existence lui avait été dévoilée.

Peu de jours après cet entretien, Jeanne s'empara d'un vêtement de Laxart : le portant sur-le-champ dans un endroit obscur de la forêt, se dépouillant de ses habits de femme, après avoir eu la précaution de les cacher avec soin, elle partit pour Vaucouleurs.

Il lui semblait qu'elle éprouvait moins de timidité : enhardie par la connaissance de sa haute origine, son courage s'en était accru : quoique bien certaine d'être rebutée de nouveau, elle était fermement persuadée que plus elle subirait de contrariétés, et d'affronts, plus le ciel lui tiendrait compte de son courage à les aplanir, et à en triompher.

Bientôt les discours et les démarches de Jeanne furent connus dans son village et dans les environs : les habitans des hameaux voisins accouraient, on ne la regardait plus qu'avec curiosité; le but de son entreprise, son ardent enthousiasme parvinrent aux oreilles du gouverneur; cependant, il ne daigna pas accorder la plus faible croyance à ce qu'il appelait les rêves d'une jeune fille. Bientôt elle arriva à son hôtel : pour parvenir auprès de lui, elle crut nécessaire d'employer la ruse, lui faisant demander sa protection pour entrer dans les hommes de guerre, qu'il commandait; elle confia à celui qui portait son message, que le désir de combattre les ennemis de son roi, lui avait fait abandonner la maison de son père.

Baudricour savait que dans la position critique de Charles, il ne devait pas rejeter un homme qui offrait son bras pour le défendre : il ordonna donc de faire paraître ce jeune garçon en sa présence l'ardente Jeanne espéra qu'il ne la rebuterait plus.

Le gouverneur était à table avec un gentilhomme : en entrant dans la chambre, elle se découvrit : sa figure était un peu pâle, l'émotion, la crainte l'agitant intérieurement, elle porta son regard sur celui de qui dépendait son sort, et attendit qu'il voulût bien l'interroger.

— Jeune homme, dit-il, tu veux donc servir le roi ? — Oui, monseigneur. — Tu es bien jeune, il me semble ? — Qu'importe, si mon cœur est rempli de courage, et de bonne volonté ! — Auras-tu assez de force pour supporter les fatigues de la guerre ? pourras-tu coucher sur la terre, exposé à la neige, à la glace, à la pluie ; quelquefois sans pain, et sans couverture ? pourras-tu soutenir toutes ces misères sans murmurer ! — Dieu ne daignera-t-il pas m'encourager ? — Ah !.... tu crois peut-être que c'est pour nous éprouver que le ciel nous accable de tant de calamités ! — Si les crimes de la France méritent un châtiment, pourquoi sa main puissante ne lui en ferait-elle pas éprouver ! Messire Robert, c'est lui qui m'envoie vers vous. Je vous ai trompé ;

je suis cette Jeanne que vous avez déjà rejetée.... Dieu m'appelle pour défendre le royaume, Dieu me charge d'aller secourir Orléans.... Dieu m'a commandé de faire sacrer le *gentil Dauphin*, à Reims. — Quoi, tu oses te présenter devant moi, misérable insensée ! éloigne-toi, ou je vais te faire renvoyer avec honte, par mes hommes d'armes.... Eloigne-toi. — D'où vient cette menace ! Que feraient vos hommes d'armes contre la puissance céleste ? Me laisserait-elle outrager ? Son bras formidable s'opposerait au contraire à leurs efforts ; je ne les crains point : mon Dieu, me commande, j'obéirai. Je suis venue de sa part, vous devez vous rendre à son ordre. — Si je ne respectais ton inexpérience, ta jeunesse, je pourrais te faire repentir de ton audace. Quitte à l'instant même ces lieux, ou mes gardes vont te mettre hors de mon logis. — Oseraient-ils mettre la main sur moi! — Qui pourrait s'y opposer? — Mon maître, et le vôtre. Le Seigneur! — Va, pauvre fille, va, je ne t'écoute plus. Il fit un geste menaçant, et Jeanne étonnée se retira profondémeut émue.

A peine se fut-elle éloignée, que le gentilhomme qui se trouvait avec Robert, lui dit : Gouverneur, pourquoi tant de rudesse envers cette fille ? Je l'ai écoutée avec attention, je l'ai bien observée; il me semble que sa tête, et sa raison sont saines ; qui sait de quelle main Dieu veut se servir ! Dans l'état de misère où la France est réduite, qui sait, si un moyen extraordinaire, ne ranimerait pas le courage des soldats ! Vous ne l'ignorez pas, ils désespèrent du salut de la patrie ! toujours battus, toujours écrasés par l'Anglais, ils ne vont plus aux combats avec zèle : toute ardeur est éteinte : sans cesse, ils s'exagèrent les forces de l'ennemi; dès-lors, tout est perdu : mais, peut-on prévoir l'effet que pourrait produire sur leur imagination, la présence de cette jeune inspirée! Croyez-moi, ne la rebutez plus : si le peu de troupes fidèles dont le roi dispose encore, étaient persuadées que cette fille est chargée par le ciel de chasser l'Anglais de la France, peut-être, leur ancienne valeur se réveillerait-elle? Que risque-t-on de le tenter! rien n'est inutile sur la terre : cette belle et simple créature, l'âme échauffée par le récit des revers qui ont accablé le monarque, aura répété mille et mille fois en elle-même, qu'elle voudrait le sauver, et arracher son trône aux mains de l'ennemi : bientôt, elle aura cru pouvoir atteindre ce noble but. Elle offre pour soutenir sa demande, elle offre, dis-je, son sang, son bras, sa vie, que voulez-vous de plus ? — Monseigneur, si j'étais seul maître dans cette conjoncture, je pourrais me rendre à vos avis; mais, puis-je, sans attirer sur moi le mépris public, envoyer vers le roi, une jeune fille, afin qu'il la place à la tête de ses armées ? Je veux bien croire, comme elle se plaît à nous le répéter, que Dieu l'a choisie pour cette grande œuvre : mais d'autres, y ajouteront-ils la même foi que moi ? Sommes-nous au temps, où le peuple croyait aux miracles ! ils se riront de la prophétesse, et de celui qui aura donné quelque publicité à ce tissu d'absurdités. Cette fille, j'en conviens, n'a rien qui annonce que son esprit soit faible : mais, daignez peser la position où je me trouve, seigneur : puis-je mander au roi un semblable incident ? il me croirait en démence : c'est impossible, non, je ne puis m'embarquer dans une telle affaire. — Que risquez-vous, messire? La cour est aux abois: Orléans est attaquée de toutes parts: nous n'avons plus d'armée: que va devenir notre infortuné monarque? L'Anglais depuis long-temps possède la capitale: son roi depuis long-temps prend avec orgueil le titre de roi de France ! ô cruelle Isabeau ! que de malheurs votre haine pour un fils a attirés sur notre patrie! partout, le ravage, partout la dévastation, et la mort! Baudricour, un miracle seul, peut relever la France, et la tirer du profond abîme où elle est tombée. Croyez-moi, faites part à Charles, des vœux de cette jeune enthousiaste: dans un grand malheur, on saisit avec avidité la moindre lueur d'espérance, peut-être ne dédaignera-t-on pas le secours miraculeux qui vient s'offrir. Chassez une fausse honte, écrivez à la Cour. — C'est avec répugnance, monseigneur, que je suivrai votre conseil... cette fille peut-être découragée par deux refus, ne se présentera plus... — Si elle revient, donnez-moi votre parole, que vous manderez au roi cette circonstance ; qu'il daigne lui permettre qu'elle aille embrasser ses genoux, et lui répéter les promesses qu'elle s'engage à remplir. — Si elle revient.... monseigneur, je ne vous refuserai pas. — Cette fille a de la force d'âme, elle reviendra. — Plût au ciel que je n'en entende plus parler. Le guerrier regarda Baudricour d'un air sévère et mécontent, et sortit aussitôt.

CHAPITRE VII.

Loin de se laisser abattre par ce nouveau refus, Jeanne n'en fut que plus décidée à poursuivre son dessein. Ma constance, disait-elle, triomphera des outrages de Baudricour... Peut-être un jour changera-t-il... peut-être un jour m'accordera-t-il sa protection. Attendons encore... mon respectable guide ne m'abandonnera pas, il daignera m'enseigner ce que je dois faire pour l'obtenir. Elle se hâta de retourner *au Burey*, changea de vêtement, et rentra chez Laxart, sans qu'il se fût aperçu de son voyage.

Tous les jours, elle se rendait sous l'ombrage sacré du hêtre qui fut le témoin des ordres, et des révélations qu'elle avait reçus : hélas, tous les jours, ses courses étaient vaines. Dieu m'abandonnerait-il, pensait-elle, pourquoi cette voix céleste qui me promit son assistance, pourquoi me laisse-t-elle en proie à mon inquiétude? L'aurais-je offensée! si cela était possible, je serais prête à m'humilier, à reconnaître ma faute... peut-être veut-elle que je me rende seule à Chinon; si elle le veut, je suis prête à partir. Cette pensée se fixa dans son esprit au même moment : Jeanne ne vit rien d'impossible à ce voyage, elle y songea, en repassa toutes les conséquences, et son imagination ardente, arrêta qu'il fallait quitter le *Burey* sur-le-champ, pour se rendre à la ville où se trouvait le roi.

Son plan une fois conçu, il ne s'agit plus que d'engager Laxart à ne pas la laisser partir seule : elle sait que son oncle l'aime, elle sait qu'il ne l'abandonnera pas dans cette périlleuse occasion, elle se détermine à lui dire quel est son projet, mais en même temps, elle doit l'assurer que rien sur la terre ne la fera changer de sentiment.

De retour au logis, Jeanne pria ce brave homme de l'écouter avec attention, il y consentit : elle lui détailla alors ce qu'elle avait résolu; lui expliqua la route qu'ils devaient parcourir, et de plus, lui avoua la nouvelle tentative qu'elle avait faite auprès du gouverneur ainsi que son nouveau refus; enfin, la fille d'Isabelle ajouta, que son bonheur et sa vie étaient attachés à l'accomplissement de son dessein. — Et de l'argent, ma fille, s'écria Durand, pourrons-nous faire une si longue route, avec le peu dont je puis disposer? — De l'argent, mon oncle, nous irons à pied, nous mangerons du pain, peut-être nous accordera-t-on quelquefois l'hospitalité. Avec du courage, de la sobriété, nous arriverons au terme de notre voyage. Je ne puis différer davantage, cher oncle, mon sang s'émeut à chaque dommage qu'éprouve le *gentil Dauphin*, une pointe aiguë s'enfonce dans mon cœur, il faut que je parte; *quand je devrais y aller sur mes genoux, il le faut, j'irai* (1). — Eh bien, nous verrons. Demain, tu sauras ma réponse.

La nuit, il fit des réflexions; enfin il se décida à se rendre aux vœux de Jeanne. Peut-être espéra-t-il en la plaçant sur un théâtre plus élevé, retrouver quelque trace de la famille qui avait abandonné cette jeune fille; ou bien peut-être séduit par ses discours pleins d'enthousiasme, la crut-il effectivement chargée par le ciel, de remédier aux maux, qui pesaient sur la France.

---

(1) Paroles de Jeanne.

Ma chère fille, lui dit-il, eh bien, quand partirons-nous ? — Demain, aujourd'hui, mon oncle: oh, que votre consentement me remplit de joie, vous voulez donc m'accompagner ! vous voulez donc partager mes périls : mes périls ! je n'en aurai point, Dieu ne sera-t-il pas avec nous ! — Oui, Jeanne, oui, j'espère qu'il approuvera cette démarche ; mais, avant de quitter le hameau qui protégea tes premiers ans, n'embrasseras-tu pas celle qui te servit de mère ! celle qui t'aime depuis si long-temps ! la quitteras-tu sans lui dire le dernier adieu.... Ah, qui peut savoir si tu reverras jamais ces paisibles demeures ? qui sait ce que l'avenir te réserve ! — Mon oncle, pourquoi chercher à devancer les temps : attendons, et comptons à jamais sur la protection divine. Je verrai ma mère, je la verrai, et lui demanderai sa bénédiction : après l'avoir obtenue, je m'abandonnerai à la Providence. Si mon bras peut être utile à mon pays, si je péris en le défendant, je ne regretterai pas la vie. Mais, il faut voir ma mère, demain je la serrerai sur mon cœur,

Durand partit pour Domremy; ayant trouvée Isabelle, il lui confia que sa fille adoptive n'ignorait plus sa naissance : il lui fit part du dessein qu'elle avait formé de se rendre vers le roi de France. Ce n'est pas dans ce village, ajouta-t-il, que Jeanne peut retrouver ses parens : confions-la aux soins de la bonté divine: c'est elle qui l'inspire : et cette voix inconnue qui l'encourage dans de semblables projets, ne peut être celle d'un ennemi, c'est sans doute celle d'un homme qui n'ose encore se faire connaître à notre chère enfant... Je l'aime, ma sœur, et je ne puis la laisser seule dans un monde si nouveau pour elle. Mon absence peut faire quelque tort à ma famille, à mon état, mais, Jeanne a besoin d'un appui, d'un soutien ; je lui en servirai. Chère sœur, venez avec moi au Burey, venez l'embrasser, venez la bénir, elle le mérite, par son courage et à cause de la belle âme qui l'anime, venez. Isabelle attendit le retour de son mari, obtint son agrément pour ce petit voyage, et bientôt elle suivit son beau-frère.

Jeanne était impatiente de les voir arriver ; vingt fois elle se dirigea sur la route afin de les apercevoir, et vingt fois son attente fut trompée : ils ne viendront pas aujourd'hui, disait-elle, en rentrant ; peut-être ma mère ne consent-elle pas à ce voyage ? Mais, non, elle m'aime, et ne peut souhaiter que mon bonheur ! La jeune fille, ne comptant plus sur eux, prit son rouet et se mit à filer.

Un bruit de pas la tira de sa rêverie : on frappe légèrement à la porte : C'est mon oncle, dit-elle, Jeanne court ouvrir ; elle aperçoit celle qu'elle attendait, Laxart lui donnait le bras. — Oh, ma bonne, mon excellente mère, s'écria-t-elle, en la pressant contre son cœur, vous voici ! que d'actions de grâces ne vous dois-je pas! En disant ces mots, elle redoublait ses caresses et ses embrassemens. Isabelle les lui rendait avec usure.

Alors, elle s'occupa du souper, et le servit avec zèle : sa mère adoptive la regardait avec le plus vif intérêt : sa beauté, sa jeunesse, l'aisance de tous ses mouvemens, sur-tout cette idée pénible qu'elle allait s'éloigner pour long-temps, pour toujours peut-être : toutes ces pensées l'attristaient : enfin, cédant aux prières de sa fille, elle consentit à prendre quelques rafraîchissemens. On éloigna de la conversation tout ce qui pouvait avoir quelque rapport avec son départ prochain. Bientôt on se retira. Jeanne et sa mère occupèrent la même chambre et le même lit.

Vers le matin, la jeune fille fut réveillée par les sanglots qui s'échappaient du sein de cette excellente femme; elle écouta, et entendit ces paroles : O mon enfant, devais-je te voir périr si misérablement!.. Méchans, arrêtez, arrêtez..... ma fille est pure comme les anges! Hélas, ils ne m'écoutent pas, les cruels!.... les bourreaux, ils veulent sa mort. Et ses cris redoublèrent. Voyant l'état pénible où sa mère se trouvait, Jeanne la toucha légèrement, et parvint à la tirer de ce sommeil douloureux. — Grand Dieu, dit Isabelle en ouvrant les yeux, grand Dieu, ce n'est qu'un rêve! puisse-t-il ne pas présager ce qui peut t'arriver, mon enfant; crois-en celle qui t'aime, ne vas pas chercher le malheur, tandis que tu es tranquille dans notre maison : sois raisonnable, reste près de moi. — Ma mère, je ne le puis. — Et pourquoi ! — Dieu ne me l'a-t-il pas ordonné ! — Ma chère enfant, comment pourras-tu, sans effroi, te trouver seule au milieu de personnes que tu ne connaîtras point ? — Ma digne mère, rien ne peut affaiblir ma résolution ; si quelque chose eût pu le faire, c'eût été l'idée cruelle de me séparer de vous... Mon devoir l'a emporté sur elle ; vos pleurs, vos craintes, ne feraient qu'affaiblir mon courage, sans me faire changer de sentiment. Ma mère, je ne vous demande qu'une grâce, qu'une seule, bénissez-moi..... Ne me laissez pas partir sans ce gage de votre amitié, dites : Jeanne je te bénis, que le ciel conduise à bien ton entreprise ! et le ciel, ma mère, exaucera vos vœux. — Eh bien, va, ma chère fille, va, je n'ai pas le droit de disposer de toi, puisque mon sein ne t'a point portée: va, je te bénis du plus profond de mon cœur : que Dieu te protége et te conduise. Si le sort t'est prospère, Jeanne, n'oublie pas que mes mains ont guidée ton enfance : n'oublie pas que je t'aimai avec la plus vive tendresse, et que tu l'emportas dans mon cœur sur les enfans dont le tout-puissant me rendit mère. Va, ma fille, va. — Ma mère, je vous remercie : ma mère, je reviendrai passer les derniers jours de ma vie près de vous !... — Le ciel voudra-t-il le permettre ! — Si je ne péris point dans le cours de mes glorieux travaux, je reviendrai, ma mère, comptez-y. — Le ciel puisse-t-il accueillir et ma prière et ta promesse, dit Isabelle, en levant les yeux et les mains vers lui ; puisse-t-il exaucer les vœux que je fais et que je ferai toujours pourtoi! Elles tombèrent dans les bras l'une de l'autre et leurs larmes se confondirent.

Après cette scène douloureuse, toutes deux se disposèrent à leur prochaine séparation; l'heure arriva trop tôt au gré de leurs désirs; hélas! dans ce cruel instant, ces deux ames héroïques mettaient tous leurs soins à cacher le désespoir qu'elles ressentaient en se quittant.

Jeanne partit donc, Laxart l'accompagnait; soutenue par son enthousiasme, aucune sombre idée ne la troubla dans le commencement de sa course; mais enfin, de tristes réflexions vinrent l'assaillir, elle songea que, sans protection, sans une main qui pût lui servir de guide, il lui serait impossible d'approcher de Charles VII. Occupée sans cesse par cette idée, elle garda le silence pendant le premier et le second jour de son voyage.

J'ai commis une imprudence, dit la

noble fille, devais-je partir sans l'approbation de mon céleste protecteur? a-t-il daigné me faire entendre sa voix divine, depuis que ce projet a germé dans mon sein? Non. Il a gardé un silence impitoyable! Si dans cette cour, où je suis étrangère, on allait me couvrir de honte et de mépris! Que deviendrais-je? il me faudrait donc revenir à Domremy, pour servir de risée à ses habitans! O Dieu! que faire? Ah! je tremble d'avoir encouru et votre colère et celle de l'être invisible qui me révéla qui je suis! Comment demander à mon oncle de retourner sur nos pas? Il va se moquer de moi, et s'amuser de ma faiblesse! Ah! je n'ose pas!.... Et pourquoi rougir d'avouer une faute, pourquoi craindre? disons à Laxart de quel regret je me sens tourmentée. Et dans le moment même elle lui fit part de sa répugnance à continuer son chemin.

Son oncle saisit avidement l'espoir de retourner dans sa famille. La voyant indécise, il lui montra à quels dangers et à quels affronts ils allaient être exposés, en arrivant à Chinon ; sans autre appui que ses discours, il lui démontra clairement qu'elle y serait encore bien moins écoutée que dans son village : ces courtisans, ajouta-t-il, ne sont pas toujours généreux, qui sait s'ils ne nous feront pas enfermer comme des fous ! Va, mon enfant, crois-moi, regagnons notre paisible demeure ; si Dieu t'a jugée digne de remplir cette mission, il saura bien dessiller les yeux de ceux qui te dédaignent à présent. Regagnons notre hameau. — *Il est certain, mon oncle, qu'il n'est pas honnête de partir ainsi* (1). Ils revinrent donc chez eux.

---

(1) Historique.

Deux jours après, Jeanne alla visiter l'arbre consacré. Se précipitant à genoux, ses lèvres pieuses en baisèrent l'antique tronc : O toi! dit-elle, discret témoin des secrets de celle qui est ici suppliante, pourquoi ne peux-tu répondre à cette foule de questions qui se pressent dans mon sein? Sais-tu si mon guide est revenu vers toi! sais-tu s'il y cherchait son humble servante? pourquoi ne peux-tu retenir les sons de cette voix céleste, qui règle ma destinée? Arbre majestueux, je te revois! Je suivais le sentier de l'erreur et de la vanité, je suivais les mouvemens d'un cœur fier, orgueilleux; je me suis aperçue qu'il m'avait déçue, je reviens. Sans doute, mon digne protecteur me pardonnera ma faute en faveur de mon repentir. Et la jeune inspirée se remit en prières.

Au moment où son enthousiasme était

porté au dernier degré, au moment, où elle s'adressait avec ferveur à la mère du sauveur des hommes, une pluie de feuilles et de fleurs tomba sur sa tête charmante. Jeanne tressaille de joie : C'est vous, mon protecteur, s'écrie-t-elle, c'est vous! ah, parlez-moi, parlez. Savez-vous que, fille extravagante, insensée, j'osai devancer les décrets du ciel? Savez-vous que j'étais partie dans l'intention de me rendre auprès du *gentil Dauphin?* Je me suis reproché cette faute, et je suis revenue ici.

Jeanne, je vous excuse, a votre âge on peut aisément faillir : cette noble conduite vous assure le succès de vos vœux : vous verrez Charles... — Je verrais le *gentil Dauphin ?...* — Oui, et le jour n'en est pas éloigné. Retournez avec courage vers Baudricour : dites-lui qu'il envoie un messager au Monarque français.

pour demander qu'il vous accorde la faveur de paraître en sa présence; s'il refuse encore, dites-lui qu'au moment où vous parlez, le *gentil Dauphin* a besoin de défenseurs... qu'Orléans est attaqué de toutes parts, et que vous promettez, vous, faible fille, d'en faire lever le siége. — Il ne me croira pas. — Je vous ai défendu de m'interrompre. Silence, j'ordonne, obéissez. Ajoutez, qu'au moment où vous parlez, l'armée royale a essuyé des échecs considérables. Du courage, de la fermeté, allez ma fille. Elle s'inclina avec respect à cet ordre, et s'éloigna sans relever ses longues paupières qu'elle tenait baissées vers la terre.

Mon oncle, dit-elle, en rentrant au logis, on me commande de retourner chez le gouverneur. — Encore, ma fille? mais il nous dédaigne; il ne voudra pas t'écouter. — N'importe, mon oncle, il me faut obéir. Viendrez-vous? — Je ne puis te cacher que j'éprouve une répugnance extrême à te reconduire vers lui. — Il le faut ; je ne puis m'y refuser. — Ecoute, ce sera la dernière tentative; je veux bien y aller encore cette fois. Jeanne l'embrassa avec l'effusion de la plus vive reconnaissance.

Le jour suivant ils se rendirent à Vaucouleurs : ce ne fut pas sans la plus grande difficulté qu'ils furent admis près de Baudricour : sa hauteur, sa fierté intimidèrent l'habitant du hameau du *Burey*, mais Jeanne, relevant avec noblesse son héroïque front, lui dit : Je viens de nouveau, messire Robert, vous supplier de me faire escorter vers le roi : *de par mon Dieu, gouverneur, vous tardez trop à m'envoyer, car mon roi a eu de grands dommages devant Orléans et en aura encore davantage, si vous ne m'envoyez* bientôt vers lui. Baudricour refusa positivement, et lui enjoignit de ne jamais se présenter devant lui. Jeanne et son oncle furent alors contraints de se retirer.

Plus les obstacles s'accumulaient, plus sa confiance et sa persévérance augmentaient; comptant toujours sur la protection divine, comptant toujours qu'elle daignerait changer cette ame altière et inflexible, Jeanne pria son oncle de la laisser à Vaucouleurs; il y consentit et la logea chez la femme d'un de ses amis.

La superstition qui régnait alors dans toutes les classes de la société, commença à échauffer toutes les têtes : quelques jours après son entrevue avec messire Baudricour, on apprit le funeste combat de *Rouvray-Saint-Denis*, autrement nommé *la journée des harengs* (1). Le peu

---

(1) Les Anglais escortaient un convoi considérable : les Français l'attaquèrent et furent défaits.

de mots qu'elle avait dits à Baudricour, relativement aux pertes successives de l'armée royale, parurent à ces esprits prévenus, des indices certains que cette jeune fille était réellement envoyée par le ciel pour sauver la France; on répéta toutes ses paroles; la curiosité se mêla à la bienveillance : bientôt on se porta en foule à la maison qu'elle habitait ; plusieurs personnes recommandables l'interrogèrent sur sa mission : sa douceur, sa modestie, la fermeté de ses réponses et son œil inspiré séduisirent et entraînèrent tous ceux qui vinrent la visiter. Ces bruits publics parvinrent au gouverneur, qui entraîné lui-même par l'exemple, ou par quelque autre motif, se détermina enfin à prier un ministre du Seigneur de lui adresser quelques questions, afin d'être certain qu'il n'y avait pas de *maléfice* dans ce personnage extraordinaire (1).

---

(1) Historique.

Un matin, messire Robert entra, suivi du curé de Vaucouleurs, dans la chambre que Jeanne occupait; à la vue de l'étole sacrée, la vierge de Domremy se prosterna humblement aux pieds de l'homme saint, qui, après l'avoir fixée pendant quelques momens, commença ainsi son interrogatoire : Ma fille, dit-il, en faisant sur sa tête le signe que les chrétiens révèrent, ma fille, quel malin esprit a pu vous inspirer le désir de vous offrir en spectacle aux yeux de la France et du monde entier? Vous, enfant des hameaux, vous, élevée dans la pauvreté, vous qui ne connaissez pas les pompes et les plaisirs trompeurs des cours? est-ce là votre destinée? vous sied-il de guerroyer à la tête d'hommes d'armes? Quelle confiance pourra prendre le Roi, en votre jeunesse et même en vous? Répondez. Quelles garanties lui offrez-vous? Peut-il, sans en-

courir la haine de tous ses capitaines, vous placer au milieu d'eux ? Qui lui répondra que votre mission soit émanée du ciel ? Les soldats obéiront-ils à une jeune fille sans expérience ? ne se moqueront-ils pas d'elle et de celui qui aurait été assez faible pour ajouter foi à ses discours ?
— Mon père, répondit Jeanne, je sens toute la force des raisons que vous me présentez; mais ce n'est pas aux ministres du Très-Haut à borner sa puissance! Vous me croire animée du malin esprit! vous, mon père! et si cela était possible, cette croix sur laquelle notre Dieu expira, cette croix ne l'eût-elle pas mis en fuite? Qu'est-ce qui vous fait croire que cette mission, dont je suis chargée, ne soit pas un ordre émané du ciel? Qui peut vous inspirer une telle méfiance? Depuis quand les miracles que l'Éternel a daigné faire, sont-ils mis en doute? Et pourquoi ne

m'aurait-il pas réservée à l'honneur de sauver mon pays ? Serait-ce parce que je ne suis qu'une pauvre fille obscure ? Le Seigneur n'a-t-il pas inspiré Judith ? N'a-t-il pas mis en sa main l'épée vengeresse ? L'impie n'est-il pas tombé sous ses coups ? Eh ! que sont à ses yeux les grands de la terre ? moins peut-être que le brin d'herbe qui croît dans la prairie ! Si Dieu m'a jugée digne de le servir, est-ce aux hommes à me rejeter ? Mon père, une voix que je crois divine (car ce ne peut être celle d'un être semblable à moi), cette voix m'a dévoilé des secrets qui resteront à jamais ensevelis dans mon cœur ; cette voix m'a dicté ma conduite, cette voix m'a commandé de partir pour la France (1) ; mon Seigneur,

―――――――――

(1) Jeanne s'exprimait ainsi. Baudricour la refusa trois fois, mais sa persévérance l'emporta enfin sur la répugnance du gouverneur.

mon maître, mon Dieu l'ordonne, et je dois obéir. Mais, ô mon père, vous pouvez tout pour moi ! Priez, pressez le seigneur Baudricour de m'envoyer près de notre monarque ; que peut-il craindre ? La honte ! elle ne sera pas pour lui ; elle retombera toute entière sur moi ! Que je manque de résolution et de courage ? plutôt que d'abandonner la cause illustre que je défendrai, que je périsse de la mort la plus cruelle ! J'offre jusqu'à la dernière goutte de mon sang, que puis-je offrir de plus ? Messire Robert, prenez pitié de mon tourment, envoyez-moi près du *gentil Dauphin* : si je ne parviens pas à lui faire recouvrer ses États, si je ne parviens pas à le conduire à Reims, c'est qu'une flèche ou bien le fer d'une lance aura tranché ma vie ! Alors j'aurai péri avec gloire, alors mon nom peut-être sortira de la foule des noms voués à l'oubli dans la mémoire des hommes! ô mon Dieu, ô maître de l'univers, daigne toucher le cœur de celui à qui je demande cette grâce; daigne lui ouvrir les yeux, daigne lui faire apercevoir que je ne suis qu'un instrument de ta volonté puissante; ô mon Dieu, écoute ma prière, fais que messire Baudricour soit mon protecteur dans cette grande et importante affaire. Son attitude touchante, ses beaux yeux pleins de ferveur, élevés vers le ciel, sa voix douce et ferme en même temps, émurent et touchèrent le gouverneur, ainsi que le ministre de paix. Mon enfant, dit l'homme pieux, mon enfant, messire Baudricour va se consulter; bientôt il verra ce qu'il doit entreprendre pour combler tes souhaits. Adieu, puisse le ciel te guider toujours et te faire échapper aux écueils sans nombre où tu vas te précipiter. Et le digne prêtre fit un mouvement pour s'éloigner. — O mon père, s'écria Jeanne, mon père, bénissez moi ; daignez étendre sur mon front cette main vénérable ; mon père, Dieu entend mes prières, et connaît les replis les plus cachés de mon ame : il sait que je mérite la grâce que je sollicite à vos genoux. — Je te bénis, fille étonnante, fille incompréhensible, je te bénis. Ils sortirent au même moment.

Cette visite accrut encore les partisans de Jeanne : le peuple toujours avide du merveilleux, ne vit plus en elle, qu'une fille inspirée par le ciel pour mettre un terme aux maux qui accablaient la France : le joug de l'Anglais était odieux, on saisit avec transport le premier moyen qui s'offrait de le briser avec éclat.

Le curé de Vaucouleurs ne démentait point ces bruits populaires ; devait-il chercher à dissuader ces esprits qu'un rayon d'espoir entraînait! n'avaient-ils pas assez souffert! pouvaient-ils ne pas croire aux prodiges que le ciel se plaît quelquefois à montrer à la terre, pour punir, pour étonner, ou plutôt, pour récompenser les humains! Peut-être, ce digne prêtre, fut-il touché de la candeur qui respirait dans les discours, dans le maintien de la jeune prophétesse! D'ailleurs, que risquait-on en accordant quelque croyance à ces rêves d'une imagination pure, d'une imagination absorbée toute entière par la pensée du bonheur de son pays! On pouvait ainsi réchauffer les amis du pouvoir royal, on pouvait ranimer le zèle des soldats, zèle qui commençait à se refroidir. Il engagea donc Baudricour à écrire en faveur de Jeanne à la cour de Charles VII; mais le gouverneur toujours craintif, n'osant pourtant refuser le respectable curé, temporisa en promettant de ne pas tarder à instruire le roi de ce singulier incident.

Toute la province où elle demeurait ne s'occupa bientôt que d'elle et de ses révélations : la foule se pressa sur ses pas : sa beauté, sa jeunesse, et plus encore cet air de dignité, répandu sur toute sa personne, en imposèrent à ceux même qui, par envie, la traitaient de folle et d'insensée ; cette dignité, qui part d'une âme élevée, et qui, par son calme, étonne et subjugue les âmes qui ne sont pas susceptibles de ressentir les mêmes sentimens, lui fit un nombre considérable de partisans.

Sa réputation s'étendit partout : partout on répétait ses moindres paroles : sa piété touchante, sa constance à surmonter les dégoûts auxquels elle avait été assujettie, en firent un être privilégié et béni par le ciel ! tous s'empressèrent de lui demander des prières pour ce qui pouvait les intéresser : Jeanne, toujours douce et compatissante, s'empressait de se rendre à leurs vœux : bien plus, elle visitait les pauvres, les soignait : cette conduite leur fit croire qu'elle avait reçu le don de guérir les malades. Que ne peut la faiblesse des hommes ? ce qui n'était qu'humanité, bienfaisance, fut nommé inspiration divine : la superstition s'en mêla, une confiance aveugle s'y joignit, ils ne virent plus en elle qu'un être céleste empressé à tendre une main secourable à tous les malheureux ; tant les mortels ont de penchant à se laisser entraîner au délire de leur imagination !

Une circonstance extraordinaire vainquit la répugnance de Baudricour à lui accorder sa protection : le duc Charles de Lorraine atteint d'un mal où tout l'art de médecins avait échoué, entendit parler de cette fille, qui était, disait-on, *une grâce de Dieu, et qui était conduite par l'esprit du Seigneur.* Le désir de renaître à la vie, l'envie de sa guérison, et le besoin de consulter l'avenir sur son état désespéré, tout contribua à déterminer ce prince à donner l'ordre de la faire venir dans la ville qu'il habitait (1).

Jeanne, en recevant ce message, en ressentit la plus vive joie: le duc, bien qu'il ne se fût pas déclaré pour Charles, pouvait lui donner les moyens d'aller à Chinon : pleine de confiance en la bonté du ciel, et en la cause qu'elle voulait défendre, elle partit, accompagnée de Laxart, et d'un gentilhomme qui s'était déclaré un de ses plus chauds partisans.

Loin d'être intimidée en la présence

---

(1) Historique.

du duc de Lorraine, elle parut au palais de Nancy avec une modeste assurance. Ce prince, en la voyant, l'examina long-temps avec crainte et curiosité, et comme si elle eût tenu dans ses mains le fil de son existence.

Jeune fille, dit-il, après qu'on l'eut relevé sur les coussins sous lesquels il avait été enseveli, jeune fille, on dit que tu as le pouvoir de sauver les hommes de la mort.., s'il en est ainsi je t'offre de l'or, des richesses ; je comblerai en outre ta famille de biens, si tu peux éloigner de moi les maux qui me dévorent, et qui dessèchent les sources de ma vie. — Monseigneur, j'ignore qui a pu semer ces bruits ridicules : je donne mes soins aux pauvres, je ne les ménage pas ; je prie Dieu, et quelquefois il exauce mes prières, voilà tout. — Être privilégié, on m'assure encore que tu promets de chasser l'Anglais de la France, qui a pu t'inspirer une semblable pensée! — Dieu. Je l'ai dit, je le ferai. — Mais, jeune fille, si le ciel te protége à ce point, il peut t'avoir donné la sublime science de guérir: regarde-moi attentivement... Tiens, voici mon bras, touche-le.... vois comme ma chair est brûlante.... que faut-il faire? — Je l'ignore, seigneur; je vous l'ai dit. Mais, Dieu quelquefois afflige nos corps, lorsque nos âmes sont souillées; n'avez-vous, prince, aucun reproche à vous faire? La duchesse, votre épouse, reléguée loin de la cour, n'a-t-elle jamais versé de pleurs sur vos injustices? répondez (1). En quoi pouvez-vous vous plaindre d'elle! la Lorraine entière ne parle que de ses vertus, de sa bienfaisance, de son humanité, de sa bonté pour ses peuples; cependant,

―――――――――――――――

(1) Historique.

elle gémit loin d'ici ! Rappelez-la près de vous, seigneur ; le ciel, en vous voyant réparer votre faute, pourra se laisser désarmer. Je l'invoquerai avec ferveur, la duchesse joindra ses vœux aux miens, et Dieu nous accordera votre retour à la santé. Prince, daignez-vous rappeler en ces lieux celle qu'on nomme la mère des pauvres ? — Jeune fille, si un autre que toi eût osé toucher ce sujet délicat, il eût payé de l'exil la hardiesse de son discours: mais, tu ne connais pas la cour ; je t'excuse et te pardonne. Je compte sur tes prières. — Monseigneur, elles seront toutes pour vous. Mais, votre indulgence, noble duc, m'encourage, vous pouvez tout pour moi ? Daignez écrire au roi Charles, daignez lui faire connaître mes ardens désirs : dites-lui, que je verserai jusqu'à la dernière goutte de mon sang pour son illustre cause, dites-lui.... — Jeune femme, je ne puis consentir à ce que tu me demandes. Je ne le puis. — Eh qui donc me protégera ? Messire Baudricour ne veut pas m'envoyer vers le *gentil Dauphin*. Hélas ! et Jeanne pleurait amèrement. Tout-à-coup, elle s'élance auprès du lit du duc, tombe à genoux, et s'écrie: Monseigneur, faites-moi conduire près du monarque français : sous votre protection, je ne serai pas refusée. — Mon enfant, cela est impossible. Tout ce que je puis, est d'écrire à Baudricour qu'il fasse partir, pour Charles VII, une lettre que j'approuverai de mon seing. — Monseigneur, ce n'est pas assez, écrivez-là. — Non, si tu insistes, je reprends ma promesse. — Vous ne le ferez pas. Un prince, ne peut avoir qu'une parole. Je retourne à Vaucouleurs, et dirai à messire Baudricour que vous apposerez votre nom à sa lettre, afin de déterminer le roi à m'employer. — Oui, mon enfant, je le ferai, tu peux y compter. Et Jeanne heureuse en espérance, repartit sur-le-champ.

Dès qu'elle fut arrivée à Vaucouleurs, elle se présenta devant Robert de Baudricour à qui elle rendit un compte succinct de la protection que le duc de Lorraine lui accordait : le gouverneur, déjà vaincu par les bruits populaires, déjà subjugué en partie par les discours du prêtre respectable qui avait interrogé cette jeune fille, se détermina enfin à écrire à Charles VII.

Rien ne peut dépeindre la joie qui se répandit sur les traits gracieux de Jeanne, lorsque messire Robert l'assura que par sa constance elle avait vaincu sa répugnance : elle joignit les mains, et les posant sur son cœur avec force, elle s'écria : O mon Dieu, tes décrets vont avoir enfin leur accomplissement ! Daigne guider mon bras, et je sauverai mon pays! Hélas, peu m'importe ce que je deviendrai après ce grand ouvrage! je périrai peut-être.... mais, messire Baudricour, jamais, mon cœur et ma mémoire n'oublieront ce que je dois à vos bontés, et à votre indulgence? quel que soit mon sort, j'en garderai le souvenir. Elle se retira, dévorée du désir d'apprendre que le messager était déjà sur la route de Chinon. Le gouverneur envoya sa lettre à Charles de Lorraine qui y apposa son seing, et le sceau de ses armes. Après quoi l'officier porteur de la lettre partit pour sa destination.

CHAPITRE VIII.

Depuis le jour où Charles VII, cédant aux lois de la nécessité, avait été contraint d'éloigner de sa personne un ami sincère, un cœur tout à lui, depuis le jour où Tannegui du Châtel (1), ce

---

(1) Tannegui du Châtel sauva Charles VII, encore dauphin, des fureurs du parti bourguignon, dans une révolte excitée par ces furieux; Tannegui, alors prévôt de Paris, enleva ce prince au milieu de la nuit, et le porta dans ses bras jusqu'à la Bastille dont il était gouverneur; depuis il fut toujours fidèle à la cause de ce monarque infortuné : à l'entrevue de Montereau, entre le dauphin, depuis Charles VII, et le duc de Bourgogne, où ce dernier fut assassiné, Tannegui fut accusé

héros d'une amitié véritable, s'avançant avec respect, et fermeté vers son maître, et son roi, lui avait dit : *Sire, la réconciliation qu'on vous fait espérer, avec le duc de Bourgogne, est un avantage si désirable, que tout doit céder à cette considération. Pour moi, je suis résolu à faire le sacrifice du plaisir et de l'honneur de demeurer auprès de vous : donnez-moi vos ordres, et marquez-moi*

---

d'avoir frappé Jean-Sans-Peur ; cependant on n'a pas de preuves positives que ce fût un complot formé d'avance ; presque tous les historiens assurent que Jean ayant porté la main sur son épée, les amis du dauphin craignirent pour lui le sort qu'il avait fait subir au duc d'Orléans, époux de Valentine de Milan, et frère de Charles VI. Quoi qu'il en soit, Philippe-le-Bon, fils de Jean de Bourgogne, exigea son éloignement de la cour. Tannegui, qui aimait son souverain pour lui-même, n'hésita pas à se soumettre au sacrifice demandé.

où je dois me retirer. Depuis ce moment cruel, Charles toujours en défiance, et toujours assiégé par ceux dont il était entouré, n'avait pas joui d'un instant de repos, puisque Richemont, frère du duc de Bretagne, qui remplaçait Tannegui, n'avait pas obtenu sa confiance.

Cette séparation fatale, n'avait pu s'effectuer sans que les yeux du monarque français ne se baignassent de pleurs : Allez, s'écria-t-il, allez où le sort vous l'ordonne, le plus loyal de mes serviteurs : l'absence ne vous effacera point de mon cœur, cher Tannegui ; toujours je me rappellerai ce que je dois à vos soins généreux ; mais, ô mon ami, vous voyez le joug qu'ils m'imposent, vous le voyez ; il faut me séparer de vous !.... — Sire, quoique éloigné de vous, je n'en serai pas moins fidèle à votre auguste personne ; dans mon exil, j'échaufferai par mes discours, ceux dont l'âme éprouve quelque tiédeur : sire, recevez-en ma parole, j'augmenterai le nombre de vos partisans! Que ne pourra le zèle dont je suis animé!... — Hélas, Tannegui, je perdrai vos sages conseils; qui me guidera dans ce dédale? A qui me confier? — Sire, pardonnez ma franchise : mais ces plaintes sont injustes. A qui vous confier? Avez-vous donc oublié le trésor que vous possédez; trésor de raison, de prudence, et de sagesse! Avez-vous oublié cette âme, et ce cœur magnanime, qui vous appartiennent sans partage? A qui vous confier? La reine doit être votre unique refuge : Marie d'Anjou est le modèle de toutes les vertus! Daignez lui dire vos peines, vos déplaisirs, vous trouverez en elle toutes les consolations que peuvent dicter un profond et sincère attachement. — La reine! ah, je l'ai trop offensée!

Agnès s'est placée entre elle et moi.... je fuis Marie, et n'ose soutenir sa présence! Hélas, comment oser lui parler de mes malheurs ? — Vous le pouvez, sire, la reine possède assez de générosité pour pardonner vos erreurs... Adieu, mon maître, adieu, mon roi..... Charles ouvrit les bras à son ami, et dit en le pressant sur son sein ; non, vous ne me quitterez pas encore, non, je n'y puis consentir! — Il le faut, sire. Un allié, tel que le duc de Bourgogne est trop utile à vos intérêts, pour ne pas satisfaire à sa demande : je m'éloigne : je suis le prétexte des lenteurs, qu'on apporte à l'exécution du traité. On m'accuse d'avoir prêté les mains au meurtre de *Jean-sans-Peur*: Devais-je le défendre? Devais-je souffrir que cet insolent vassal, osât tirer l'épée devant le prince que le ciel fit naître pour lui commander un jour ? Eh, n'avais-je pas présent à la mémoire l'horrible assassinat de cet aimable duc d'Orléans? Mon cœur ne saignait-il point à ce souvenir! Qui sait jusqu'où la fureur de ce barbare aurait pu le conduire? Qui sait si son bras sacrilège... Nous avons dû prévenir un forfait.... Celui qui tire le glaive, doit périr par le glaive! La mort de Jean de Bourgogne a payé le crime qu'il avait commis. Loin de m'en repentir, si un nouvel audacieux osait encore en ma présence commettre contre vous une semblable offense, mon épée se baignerait dans son indigne sang. Sire, j'immole à votre intérêt tout ce qui peut m'attacher encore à la vie. Je vous quitte... Je vous quitte le cœur ému, déchiré.... mais, il le faut. Adieu, mon noble maître, ajouta-t-il, en tombant aux genoux de Charles, adieu. Le roi voulut en vain le retenir, Tannegui le quitta, en essuyant les larmes dont son visage était baigné. Ce guerrier emporta dans sa retraite, l'estime, les regrets, et l'amitié de son roi (1).

Richemont eut l'épée de connétable : soutenu par la puissance du duc son frère, il commit plusieurs actes de violence, et força Charles à éloigner de lui tous ceux qui avaient obtenu, ou son amitié, ou sa confiance : le conseil ne fut plus composé que de ses créatures ; son audace s'accrut à un tel point que le souverain fatigué de son insolence, et des affronts dont il était abreuvé par ce caractère altier, s'écria un jour : *Eh qui donc voulez-vous me donner pour mi-*

―――――――――

(1) Charles VII, assigna à Tannegui du Châtel la ville de Beaucaire pour retraite, avec le gouvernement de la ville, une garde d'honneur et la continuation des appointemens de prévôt de Paris. (*Histoire de France.*)

nistre? — Prenez la Trémouille, répondit Richemont. — *Vous ne le connaissez pas*, dit Charles, *vous vous en repentirez*. La suite prouva que ce prince, malgré sa légèreté apparente, avait bien jugé. La Trémouille, ambitieux, désirant seul la faveur du monarque, ne tarda pas à travailler au renversement de la puissance de celui qui l'avait placé dans le poste éminent qu'il occupait. Tel fut l'état de la Cour du fils de Charles VI, pendant quelques années.

Les progrès des armées anglaises s'étaient toujours soutenus, durant ce long intervalle, malgré la valeur des Dunois, des Lahire, des Poton Xaintrailles, des Chabannes, et autres guerriers distingués par leur bravoure. Le peuple, réduit aux abois, accablé par les exactions des hommes d'armes de tous les partis, n'entrevoyait la fin de ses misères que dans une prochaine paix : peu lui importait sous quel joug il lui faudrait ployer la tête ; aussi le nombre des partisans du jeune Henri d'Angleterre, s'accroissait-il à mesure, que les malheurs qui frappaient Charles augmentaient.

La fameuse bataille de Rouvray Saint-Denis, autrement nommée la *journée des harengs*, porta un coup funeste à la puissance du légitime héritier du trône de France : tout fut découragé, on ne vit plus dans l'avenir que la perte totale du peu de villes que ce monarque possédait encore ; le conseil délibéra si la sûreté de sa personne sacrée n'exigeait point qu'il s'éloignât du théâtre de la guerre pour se réfugier dans les montagnes de l'Auvergne.

Le Roi penchait à céder à l'orage : effrayé du sang qui coulait de toutes parts, affligé de voir moissonner chaque jour l'élite de la noblesse qui lui était restée fidèle, il voulait se retirer soit en Ecosse, soit en Espagne, afin de tarir la source des maux qui inondaient la France.

C'en était fait de la monarchie, l'Anglais se préparait à faire peser son sceptre de fer sur ces belles contrées que jusqu'à ce jour il n'avait pu vaincre, ni dompter : Charles était désespéré, Charles abandonnait son royaume, et l'auguste tige royale oubliée, exilée sur des plages étrangères, allait peut-être s'anéantir pour jamais.

Mais Marie d'Anjou s'y opposa fortement (1), se jetant aux pieds de son époux, elle lui présenta son fils, et lui dit, avec des sanglots déchirans : Hélas! sire, vous allez donc priver cet enfant de son héritage paternel? Ne devez-vous

---

(1) Historique.

pas le défendre jusqu'au dernier soupir? Que deviendra mon fils? Ah, que n'a-t-il péri avant que ses yeux s'ouvrissent à la lumière! Oh, cher enfant, tu seras voué au mépris, à la pitié! Tu iras donc mendier dans les cours étrangères? tu iras donc y solliciter des secours? Sire, ne pouvons-nous mourir ici; et pourquoi quitter notre asile? Attendons le vainqueur; si sa cruauté nous arrache la vie, eh bien, nous n'aurons pas survécu à la perte de nos espérances! Je reste ici et je garde mon fils. Mais pourquoi ces menaces? ce sont mes pleurs, ce sont nos dangers qui doivent vous attendrir : je tombe à vos genoux, je les embrasse, et ne me relèverai qu'après avoir obtenu que vous renonciez au funeste dessein que des hommes pusillanimes vous ont suggéré. Dites, ô mon seigneur, dites, ô mon maître, y renoncez-vous? je vous en supplie pour l'amour de votre fils et de votre gloire.—Madame, répondit Charles, vos prières me touchent ; mais je ne m'appartiens pas ; en moi réside le salut de la France : je dois sauver, non pas ma personne, mais le monarque. — Il vaut mieux mourir, sire, que de se déshonorer par une fuite honteuse ! Que dirait de vous la postérité ? que vous avez craint de vous montrer aux ennemis ; que cédant à de vaines considérations, vous avez abandonné la justice de votre cause à de dangereux conseils. Sire, il faut mourir en roi. — Eh bien, madame, je vais rester. Rassurez-vous, Marie, je ne quitterai point ce séjour. — Grand Dieu, quelles grâces ne vous dois-je point pour avoir fléchi mon Seigneur ! Charles, mon cœur vous remercie de votre condescendance à mes prières. Le Roi réitéra sa promesse, et la princesse rentra dans son appartement.

Quand elle fut seule, la vertueuse reine se mit à réfléchir sur la position déplorable de son époux, et sur la promesse qu'elle venait en quelque façon de lui arracher. Elle songea à cette tourbe de courtisans dont il était environné, et pensa combien il leur serait facile de détruire la victoire qu'elle venait de remporter sur eux, elle vit tous les dangers d'une résolution contraire; Marie frémit des suites qu'une fausse mesure pourrait avoir pour l'héritage de son fils, et se détermina sur-le-champ à faire une démarche pénible et cruelle pour son cœur.

Faisant appeler Agnès Sorel, Agnès tendrement aimée de son royal époux, Agnès, dont la beauté avait subjugué un cœur qui devait lui appartenir sans partage, Marie oubliant les sujets de plainte qu'elle pouvait avoir contre cette belle fille, se décida enfin à connaître par elle-même si Agnès était digne du violent amour qu'elle avait inspiré.

Agnès interdite en la présence de celle qu'elle avait offensée, avait baissé ses longues paupières vers la terre. Agnès, dit la reine en lui tendant la main, approchez et n'ayez aucune crainte. Chère fille, il faut réunir nos efforts pour sauver et la France et le roi..... — Grand Dieu, madame, quel nouveau péril peut le menacer. — Écoutez, Agnès, je sais tout ce que vous voudriez me cacher : mais ce n'est pas le moment de vous faire des reproches ; bien plus, j'excuse mon époux... Ah, puisque j'étais condamnée par le sort à perdre son amour, je dois préférer que ce soit vous, Agnès, qui me l'ayez enlevé; votre modestie, votre candeur, et surtout votre jeunesse, sont vos excuses. — Ah, madame, s'écria la jeune Sorel, en joignant les mains et tombant aux pieds de sa souveraine, qu'elle baignait de larmes amères; ah, madame, vous savez donc ma faute, mon crime et..... — Je n'ignore rien. Relevez-vous, Agnès. Vous devez le savoir, rien dans les cours ne peut être caché. Mais, fille aimable, rendez-vous digne de mon indulgence; rendez-vous digne du prince qui vous aime : que vos discours rallument dans son âme le feu de la gloire prêt à s'éteindre; vous devez le rendre à la patrie, à la France qui le réclament! Le laisserez-vous languir dans de honteux plaisirs! j'ai obtenu de lui, il y a peu d'instans, qu'il ne se rendrait pas aux conseils funestes qui lui ont été donnés de quitter cette province, de la céder à l'Anglais sans livrer le plus léger combat?... Il a promis. Agnès, c'est sa gloire, c'est sa renommée, que je remets en vos mains : employez l'ascendant que l'amour vous donne sur son cœur, pour le déterminer; priez, pressez, ne souffrez pas que l'ennemi puisse dire : il a fui devant moi! Agnès, je compte sur vous. — O cœur magnanime, ô princesse, modèle des femmes; j'obéirai et j'espère mériter vos bontés... Je vais menacer de quitter le roi, peut-être la crainte de me perdre nous fera-t-elle triompher de ceux dont il est obsédé. — La crainte de la perdre, murmura la tendre Marie! Mais, reprenant la dignité de son rang, elle étouffa le mouvement de jalousie, que ces mots lui avaient arraché. Agnès promit tout, et sortit à l'instant pour se rendre auprés de Charles, afin de l'engager à tenir la promesse faite à sa royale épouse.

Sire, dit-elle en se précipitant à ses pieds, sire, je viens prendre congé de vous... — Congé de moi? où prétendez-vous aller, Agnès? s'écria-t-il avec fureur. Congé de moi! — *Sire, un astrologue* m'a prédit que je serais aimée et servie d'un des plus vaillans et courageux rois de la chrétienneté : quand vous m'avez fait l'honneur de m'aimer, j'ai pensé que vous étiez ce roi valeureux qui m'avait été prédit, mais je vois bien que je me suis trompée, puisque vous n'avez nul souci de vos affaires : ce roi si courageux, ce n'est pas vous, mais bien le roi d'Angleterre, qui fait de si belles armes et vous prend de si belles villes ; donc, sire, je m'en vais le trouver, car c'est lui duquel entendait parler l'astrologue (1). Confondu par ce

---

(1) La tradition de ce discours existait du temps de François Iᵉʳ. Tout le monde connaît les vers qu'il fit en voyant le portrait d'Agnès.

Gentille Agnès, plus d'honneur tu mérite,
La cause étant de France recouvrer,
Que ce que peut dedans un cloître ouvrer,
Close nonain, ou bien dévot hermite.

discours, Charles lui jura qu'il allait se mettre à la tête de ses troupes. Mais, ajouta la belle Sorel, vous ne quitterez point ces lieux pour fuir vers une terre étrangère : la reine aurait un déplaisir mortel, s'il lui fallait abandonner l'héritage du prince votre fils. — Chère Agnès, la reine ne peut craindre que je fausse ma parole, je viens, dans le moment même, de lui assurer que je resterais. — Et vous combattrez l'Anglais ! vous combattrez vos ennemis ! — Agnès, je ferai tout ce que l'honneur et le devoir me commandent. Tu vas connaître quel est celui que tu aimes ; oui, tu pourras un jour te glorifier de m'avoir donné ton cœur. — Sire, j'ose vous en prier, que la France, que l'univers ignore, que c'est à mes faibles conseils que vous vous rendez.... L'objet pourrait ternir votre gloire, qui doit être sans tache, et digne de votre auguste

Vou avez cédé aux vœux de la rene, je n'ai fait que vous répéter ses désirs. — La reine sait-elle combien tu m'es chère? — Je ne le pense pas, sa haute vertu rougirait pour moi... — Mais son cœur, ce cœur si noble, pardonnerait. Agnès, la reine mérite notre respect et notre vénération. Elle daigne fermer les yeux sur l'erreur dont je suis coupable, jamais ses lèvres pures ne se sont entr'ouvertes pour m'adresser le moindre reproche. Ah, je suis bien coupable envers elle! hélas, en voyant la cause de mon crime, on l'excusera. Tu es si belle, mon Agnès; ta voix est si touchante, qu'on ne peut l'entendre sans qu'elle fasse palpiter le cœur! Chère Agnès, m'aimeras-tu comme je t'aime, si je me rends à tes vœux! Oui, je serai ce roi qu'ils t'ont prédit, je le serai, ou bien ne le pourrai. Et l'amoureux souverain pressa à plusieurs reprises son amante adorée sur son cœur palpitant d'amour.

Peu de temps après cet entretien, le monarque français rassembla ses troupes, et il se disposait à marcher sur Orléans, lorsque Baudricour lui envoya la lettre à laquelle le duc de Lorraine avait apposé le sceau de ses armes, et qu'il avait signée de son illustre nom.

Après la lecture de cet écrit, on assembla le conseil : tous les chefs de guerre, qui se trouvaient à Chinon, eurent ordre de s'y rendre. Dunois blessé à la déroute de Rouvray, était depuis quelques jours dans cette ville, il alla au conseil accompagné du maréchal Sainte-Sévère, de Xaintrailles, de d'Albret, de Louis de Rochechouart, et du seigneur de Châteaubrun, Jean de Maillac.

Charles étant monté sur son trône, dit d'une voix noble et majestueuse : Mes chers seigneurs, messire Baudricour, gouverneur du château et de la ville de Vaucouleurs, nous informe d'un fait assez étrange : il prétend nous envoyer une jeune fille, qui a reçu, dit-on, du ciel, la mission importante de faire lever le siége d'Orléans, et de chasser les Anglais du royaume de France ! Baudricour paraît persuadé : il assure que rien sur la terre n'est plus pieux, plus pur, que cette gentille Pucelle : bien plus, le duc Charles de Lorraine lui accorde sa haute protection. Voici, mes chers seigneurs, voici le sceau, les armes, et le seing de ce noble duc. Que répondre à cette missive ! il me semble qu'aux vaillans capitaines qui marchent à la tête de nos hommes d'armes, nous n'avons pas besoin de joindre une femme qui nous rendrait la fable de nos ennemis : l'Anglais n'est déjà que trop porté à nous insulter : nos moindres démarches sont les objets de ses railleries amères; d'ailleurs, que ferions-nous d'une femme! Baudricour annonce, qu'elle est déterminée à se rendre ici même, à la cour. Je crois, sauf vos bons avis, qu'il faut donner à ce gouverneur l'ordre de la retenir dans la province qu'elle habite. Chers seigneurs, quels sont vos sentimens, sur un semblable incident! dites-les avec franchise. Maréchal Sainte-Sévère, quel est votre avis?

Sire, répondit le maréchal, en saluant le monarque avec respect, je suis loin de révoquer en doute la puissance céleste! Mais, dans les malheurs affreux qui nous assiégent de toutes parts, a-t-elle daigné nous protéger! Partout, nous avons essuyé des défaites! Nos valeureux soldats, quoique bouillans d'ardeur, ont été dévorés par le fer de l'Anglais! Et au moment où la victoire nous est infidèle, nous nous servirions de moyens indignes du trône glorieux que nous défendons! Cette supercherie dégraderait le noble caractère de nos braves: pardonnez, sire, à ma rudesse, elle avilirait la majesté royale. Nous avons nos épées pour combattre, elles sont sorties du fourreau pour une cause sacrée, elles n'y rentreront que le jour où nous serons vainqueurs! Si la mort nous atteint, en rougissant la terre de notre sang, au moins, nous n'aurons pas survécu à nos désastres! Sire, je rejette un tel secours, non, par orgueil, mais, par la crainte qu'il ne dévoile la faiblesse de notre parti. D'ailleurs, ce qui nous reste de soldats, marcherait-il sous les ordres d'une femme! Que d'outrages ne recevrait-elle pas! S'il est vrai qu'elle soit pure encore, ses mœurs ne seraient-elles pas bientôt corrompues au milieu d'un camp! Serions nous-là sans cesse à veiller sur elle! Mon sentiment est de ne point offrir aux nations un spectacle qui nous couvrirait de honte. Sire, j'ai fini. Charles, après ce discours, fit signe à la Trémouille de prendre la parole; il s'inclina et commença ainsi :

Quel que soit l'avis des chefs de guerre ici présens, mon opinion relativement à cette fille, est : qu'une semblable demande ne peut lui avoir été suggérée, sire, que par un ennemi de la gloire de votre royale personne : sommes-nous donc réduits si bas, qu'il faille pour nous tirer du précipice employer le bras d'un sexe qui n'a droit qu'à notre pitié! Avons-nous besoin de subterfuges pour faire triompher la justice de votre droit? Une femme commander aux Français! Une femme élevée au milieu des troupeaux! Je lui pardonnerais une semblable audace si elle était née du sang des rois, de ce sang que les peuples sont habitués à respecter! Mais, la fille d'un vil pâtre, une fille sortie du néant! J'entrevois ce qu'elle désire? elle veut sans contrainte se livrer à d'indignes penchans, et sous le prétexte d'offrir son bras à son maître, mener avec impunité une vie dissolue! Voilà, sire, voilà le but de cette prétendue inspirée. Je demande, et j'espère obtenir de votre royale bonté, que messire Baudricour remette le gouvernement dont il est chargé, et qu'il aille avec son héroïne offrir à des hommes plus crédules, cet objet qu'il veut placer si haut. Sire, pesez nos raisons avec votre sagesse accoutumée, et jugez combien il serait inconvenant d'adhérer à cette proposition insensée et ridicule. Sire, je viens de dire quelle est ma pensée.

J'ignore pourquoi le sire de la Trémouille ose insulter devant des chevaliers français un sexe auquel nous rendons de respectueux hommages, s'écrie Xaintrailles? A-t-il oublié quelle est notre vénération pour ce sexe! Le sire de la Trémouille l'outrage, et de plus, voudrait faire commettre à notre auguste monarque, la plus affreuse injustice? Pourquoi verse-t-il le mépris sur cette fille qu'il ne connaît pas? Ne peut-on refuser son offre, sans joindre l'offense au refus? D'où vient que le sire de la Trémouille prétend la juger? est-il capable de connaître les ressorts qui font agir une âme généreuse? est-il défendu de penser que cette fille, dans son jeune enthousiasme, toute entière aux maux qui désolent la patrie, ait conçu le désir de les terminer? doit-on la punir de sa résolution magnanime? si égarée par l'ardeur de son imagination, elle se trompe sur la possibilité d'exécuter son projet, il faut la plaindre. Et pourquoi les braves que nous commandons, la verraient-ils avec déplaisir ? Depuis quand les Français n'ont-ils pas rendu leurs hommages à la beauté ! Elle est née sous le chaume, dit le sire de la Trémouille ? Que fait la naissance au courage ? tous les jours ne voyons-nous pas ceux qui devraient avoir la valeur en partage, hésiter pour voler au combat ! Elle veut mener une vie dissolue ! mais le duc Charles répond de sa vertu, et Baudricour assure dans son message, que rien sur la terre n'est plus pur que cette généreuse fille. Sire, écoutez la prière de Xaintrailles : Si elle est belle, jeune, vaillante, pleine de bravoure, je jure, foi de chevalier, de marcher sous ses ordres, si sa présence peut ranimer l'ardeur de nos soldats : aucun des chefs de guerre ne lui refusera ses conseils : guidée dans l'art des combats, par sainte Sévère, par Richemont, par Dunois, par Lahire, par Chabannes, elle triomphera. Que ne peut un être extraordinaire ! Si cette fille est douée d'une force de corps peu commune à son sexe, et qu'elle puisse partager avec nous les fatigues, les périls où nous courons tous les jours. Si elle n'y succombe point, les soldats ne tarderont pas à la respecter : bientôt ils seront glorieux de suivre ses pas ! Essayons, croyez-moi, cet innocent artifice : peut-il blesser votre gloire, sire ? Et sans chercher dans les siècles passés, des exemples du courage des femmes, celles d'Orléans, ne viennent-elles pas de s'immortaliser en défendant leurs remparts ! Le sire de la Trémouille a-t-il donc oublié que le premier sang qui rougit ces mêmes remparts, fut celui d'une jeune et belle fille (1) ! Dieu réserve peut-

_____

(1) La première personne qui fut tuée au

être au bras de celle qui se présente si généreusement, la gloire d'en faire lever le siége, et d'en éloigner l'Anglais ! Sire, l'avis de Xaintrailles serait que vous acceptassiez les services de cette nouvelle Judith. Le chevalier alors salua le monarque, et reprit sa place.

Sire, dit à son tour, le jeune et vaillant Dunois ; je n'examine point les questions que l'on vient de présenter à nos yeux. Je ne veux point les discuter : je supplie seulement mon roi de m'accorder la permission de me rendre près de celle, qui sollicite la faveur de combattre pour vous : je la jugerai sans prévention ; si ses discours sont raisonnables, si elle ne veut que mourir pour la défense de votre illustre couronne ; foi de Dunois, je la ramènerai vers vous, sire. Mais, si son

---

siége d'Orléans, en 1428, fut une femme nommée *Belle*.

maintien, ses paroles sont d'une insensée, je la forcerai à rester dans le hameau qui la vit naître. Sire, j'ose me flatter de posséder votre confiance : si vous daignez remettre en mes mains le soin de cette affaire, je pense que le plus grand secret doit être observé sur mes démarche : je n'irai, sire, que sous le nom d'un simple écuyer. Je suis prêt à partir.

Charles satisfait de l'expédient proposé par ce jeune guerrier, se leva aussitôt en disant : Cher cousin, demain vous aurez l'ordre que vous me demandez. Et saluant l'assemblée avec noblesse, il se retira.

En sortant du conseil, le roi se rendit chez son épouse, qu'il trouva seule dans sa chambre, et sans aucune apparence de luxe, ou de pompe royale : la détresse où se trouvait cette cour, ne permettait pas à Marie d'avoir près d'elle des femmes d'une haute naissance ; elle était donc seule, quand Charles entra dans son appartement (1).

Il lui fit part de l'étrange secours qui lui était offert ; la reine douée d'une piété aimable et douce, comptant sur la protection du ciel, encouragea le prince à ne pas rejeter cette fille, qui, ajouta-t-elle, ne devait être inspirée que par de nobles motifs. Elle approuva le zèle de Dunois, et promit de garder le silence sur le départ prochain de ce guerrier. Charles satisfait d'avoir obtenu l'appro-

---

(1) *La pénurie* des finances de Charles était si grande, que ce prince, au baptême de son premier fils, fut obligé de composer pour une somme de quarante mille livres pour retirer des mains du chapelain les vases et bassins dont on faisait usage aux baptêmes des enfans de France. (*L.-B. des Charmettes.*)

bation de la femme qu'il révérait, passa chez lui, pour faire écrire la réponse qu'il adressait à Baudricour.

Mais la Trémouille n'était pas resté oisif : lié d'intérêt avec la belle Agnès, il s'était hâté de l'instruire de la singulière demande du gouverneur : il eut soin de l'effrayer sur l'arrivée de celle qu'on attendait : cette fille, est fort belle, dit-on ? Aimable Agnès, cette ruse n'est imaginée que par vos ennemis, jaloux du pouvoir que vous avez sur l'esprit du souverain : croyez-moi, ne laissez pas approcher de Charles, une femme hardie, qui sans scrupule, mettra tout en œuvre, pour arracher du cœur de celui que vous aimez, votre charmante image. Le roi est homme ; flatté sans doute d'inspirer de l'amour, pourra-t-il être insensible aux empressemens d'une femme qui réunit la beauté, la jeunesse, et de plus, un caractère qui semble annoncer quelque grandeur ? Non que je veuille vous faire penser que je croie possible d'être infidèle à vos charmes ! Heureux qui peut les posséder ! Heureux celui qui peut faire palpiter le cœur de la charmante Sorel ? Eloignez, madame, s'il vous est possible, éloignez de votre amant, cette créature sans pudeur. Peut-être un jour verserez-vous bien des larmes ! peut être un jour causera-t-elle votre désespoir ! Parlez-en au roi, et tâchez de chasser de son âme cette singulière fantaisie. — Si Charles ne me consulte pas sur ce sujet, je ne puis la première lui en dire mon sentiment. Je ne me suis point permis de me mêler des affaires du conseil. J'ai pu un jour chercher à réveiller la gloire dans son cœur…. La reine le voulait, la reine m'en avait priée. — Oh ! crédule Agnès, caractère plein d'innocence et de candeur! Ce fut un piége qu'elle tendit à votre inexpérience! Peut-elle vous aimer! Elle voulut avec adresse vous porter à offenser l'orgueil de son époux! Trop craintive pour s'en charger elle-même, ce fut vous qu'elle choisit : aujourd'hui même, elle encouragera le roi à se rendre aux vœux de cette fille dont la présence peut le distraire quelques instans de la passion dont il est agité, et son pouvoir peut se rétablir par ce moyen. Voilà quel est son but. — Bien que je puisse croire qu'il y ait quelque chose de véritable dans vos craintes, la Trémouille, je ne puis cependant m'empêcher de dire que la reine est incapable de se servir de la moindre ruse : son âme est pleine de piété, de noblesse, et de dignité; elle ne peut m'aimer, je le sais; mais, je dois pourtant lui rendre justice. J'ai des torts, bien grands, et que l'amour dont je brûle pour son époux ne peut excuser. La Trémouille, je ferai ce qui dépendra de moi, pour que cet objet de nos terreurs ne puisse se rendre ici; hélas! je ne puis vous promettre de réussir : Charles quelquefois résiste à mes pleurs. — Aimable fille, vous cédez trop vîte. Employez les caprices, les hauteurs, et Charles vous sera soumis. — Et comment, je l'aime, et ne puis feindre des sentimens que mon âme repousse : son chagrin me désarme : la pâleur qui couvre son visage, fait palpiter mon cœur : je me tais, et lui tends aussitôt la main ; il la presse sur ses lèvres, et tout est oublié. — O faiblesse! ô femmes! que vous méritez bien votre sort! J'ai fait ce que j'ai dû, madame, je vous ai informée de ce qui pouvait causer votre ruine : je me retire. Agnès resta confondue de cette brusque sortie.

Vers le soir, le roi se rendit chez sa

belle maîtresse : Pardonne, dit-il, chère, bien chère Agnès, si je n'ai pu te donner un seul instant de cette longue journée ; mais occupé de soins importans, j'ai été contraint de me priver de ta douce présence ? Ah ! les heures m'ont paru éternelles ! Tu ne sais pas, bien aimée, quel était l'objet de nos débats ? Une jeune fille fort belle, veut, dit-on, combattre pour moi ; elle prétend chasser l'Anglais de mon royaume ! Bien plus, elle assure qu'elle fera lever le siége d'Orléans. Je ne crois pas aux révélations dont on la dit inspirée : mais le peuple peut y donner croyance ; le peuple toujours imbu de vulgaires préjugés ! D'ailleurs, qui peut juger les voies de la providence ? Cette fille par son audace peut ranimer le courage de mes soldats : courage abattu par nos défaites multipliées ! Ah ! qu'il est malheureux le souverain forcé de se servir de tels artifices! Plusieurs de nos chefs de guerre ont été d'avis de l'essayer ; l'ordre est donné, et Dunois va partir pour aller chercher cette fille extraordinaire. — Est-il déjà parti, s'écrie Agnès ? — Aurais-tu quelques regrets, ma belle amie ! — Sire, mon âme est effrayée : cette fille vous aime sans doute.... cette fille veut se rapprocher de vous.... — O inquiétude obligeante! Belle Agnès, sois moins craintive, aucune autre que toi ne fera palpiter ce cœur brûlant : ce cœur où tu règnes, et régneras sans partage ! — Sire, que ne peut la beauté unie à la vaillance ! Sans cesse auprès de vous, sans cesse à vos côtés, dans les combats, elle partagera vos périls, et votre gloire : votre âme peut se laisser toucher par ses artifices.... — Chère Agnès, elle n'en peut avoir : élevée dans un hameau, peut-elle connaître le dédale des cours ? Cette fille ne veut que sauver son pays, voilà ses seuls désirs. — Cette fille me causera des peines cuisantes, j'en suis certaine. — Elle n'a jamais vu mes traits. Ce n'est donc pas par amour pour moi, qu'elle se présente pour combattre mes ennemis. — L'ambition seule est son guide. — L'ambition ! ton jugement s'égare, charmante Agnès. — Mais, sire, sans parler encore de mes terreurs, ne craignez-vous point que l'Anglais ne se serve de ce prétexte pour augmenter le nombre de ses partisans ! Si vous méprisez ses railleries, la postérité sera-t-elle aussi impartiale que vos sujets ? Ne jettera-t-elle pas quelque défaveur sur un semblable artifice ? Vous, monarque français, vous, commandant à un peuple de braves, vous placez à la tête de vos soldats, qui ? une femme ! Ah ! si j'eusse pu le penser, depuis long-temps j'aurais revêtu la cuirasse, j'aurais aussi combattu.... — Toi, aimable Agnès, toi, je ne l'aurais point permis. Aurais-je laissé se ternir par un soleil brûlant, ce teint délicat, cette fraîcheur ravissante ! Aurais-je souffert que ces bras formés par l'amour fussent exposés à l'intempérie des saisons ! Mon cœur est pénétré du souhait que le tien a pu former; mais, ton amant aime mieux se priver de ta présence, que de te voir supporter tant de périls, et tant de misères. J'ai dû accepter l'offre de cette fille : Dunois va pour l'interroger: s'il est content de ses discours, s'il ne voit dans ses réponses que la chaleur d'une âme enthousiaste et d'un cœur ardent, nous la verrons ici. Dunois me l'a promis, et je compte toujours sur sa parole. La reine m'a engagé fortement à la faire venir à Chinon. — La reine, répondit Agnès, ah, je le crois ! — Que veux-tu dire? — La reine désire, sans doute, que votre affection change d'objet. — Agnès, je t'en supplie, ne prononce jamais ce nom respectable. Ce qu'elle désire, je dois le lui accorder. Oui, je crois ainsi diminuer les torts que je puis avoir envers elle. Laissons ce sujet, chère fille, et rassure-toi sur ma fidélité. Il embrassa cette charmante personne, et la paix fut rétablie. Dunois reçut la lettre royale; vêtu comme un simple écuyer, suivi d'un des siens, il se mit en route pour Vaucouleurs.

CHAPITRE VI.

Jeanne éprouvait la plus vive inquiétude sur le sort du message envoyé à la cour : son ardente imagination lui représentait sous toutes les formes, les obstacles qu'on pouvait opposer à ses desseins : mais, souvent l'espoir remplaçait sa pénible anxiété; pleine de confiance en la bonté divine, comptant sur les promesses de la voix mystérieuse, Jeanne se flattait quelquefois que son dévouement serait agréé par son souverain.

Tous les jours aux pieds des autels, elle implorait le ciel : sa ferveur, sa piété constante, la rendaient l'objet de la vénération publique : sans cesse entourée de ceux que ses prières édifiaient, Jeanne servait de modèle et d'exemple aux jéunes filles de sa province.

Cependant elle s'informait avec exactitude de la distance qui la séparait de Chinon, cette distance l'effrayait; elle comptait les heures qui s'écoulaient, espérant obtenir la protection du Tout-Puissant par son assiduité à remplir les devoirs de sa religion, cette jeune enthousiaste s'imposait même toutes les privations et tous les sacrifices.

Un jour, après avoir entendu l'office divin et reçu l'absolution des mains du prêtre vénérable à qui elle dévoilait les fautes légères quelle avait pu commettre, Jeanne s'approcha du banquet des fidèles; quand elle y eut assisté, elle fit de nouveau sa prière; recueillie, pensive, la tête appuyée sur la balustrade sacrée, Jeanne ne s'occupait plus des choses de la terre; son esprit absorbé dans une sainte revêrie, oubliait la gloire, oubliait Charles, la France et les secrets qui lui avaient été révélés, pour se transporter dans un monde meilleur et impérissable.

Tout-à-coup son attention fut reveillée par des accens qu'elle crut reconnaître : Trouvez-vous, lui disait-on, à cette même place, au moment où la nuit succédera au jour : elle relève la tête, regarde, n'apperçoit qu'un mendiant ; cet homme se trouvait placé loin d'elle à une assez grande distance ; Jeanne ne put croire que ce fût lui qui eût prononcé ces mots. Elle se promit d'obéir à ce nouvel ordre.

Les jours étaient courts (1) ; se couvrant toute entière d'un voile obscur et grossier, elle s'achemina vers l'église ; en entrant dans ce lieu révéré, elle fut saisie

---

(1) Jeanne partit de Vaucouleurs vers les premiers jours de mars 1429.

d'un trouble qui ne lui était pas ordinaire : d'où vient, que je tremble, dit-elle. Qu'ai-je à craindre ? j'obéis. Le plus profond silence régnait dans l'enceinte sacrée, une seule lampe éclairait le vaste édifice : cet isolement ne l'épouvante point, n'est-elle pas en présence de Dieu ? Elle hâte ses pas et se met de nouveau à genoux près de la table sainte.

Non loin d'un antique pilier, elle crut voir une ombre s'approcher : Jeanne, dit une voix bien connue. Levez-vous. Jeanne se rendit à cette invitation. Ma fille, poursuivit un moine, en lui prenant la main, ma fille, une carrière immense s'ouvre devant vous : un messager, porteur des ordres du roi, est en route pour vous conduire près de son auguste personne ; au moment de vous rendre à la cour, ma chère enfant, j'ai dû me montrer à vos yeux : mes traits doivent vous être encore inconnus, je ne puis vous les dévoiler : je n'ai pas cru devoir, au moment où vous allez dans le séjour de l'incrédulité, vous laisser penser que je fusse une voix céleste envoyée par l'Éternel pour vous guider. Jours heureux où j'étais l'ami de votre noble père ! c'est à moi que votre enfance fut confiée : c'est moi, qui aujourd'hui vous conduirai dans le dédale où vous allez entrer. J'eus autre fois quelques connaissances dans l'art de la guerre ; elles seront pour vous, ma fille. Allez reconquérir l'héritage de votre illustre famille ! Charles d'Orléans, votre frère, languit dans les fers de l'Anglais, il faut lui rendre son apanage que l'astucieux Bedford veut lui enlever : Jeanne, votre caractère est grand, plein de dignité : loin d'avoir eu cette curiosité naturelle à un sexe frivole, vous sûtes obéir... Loin de chercher à me connaître vous baissâtes avec respect votre aimable front vers la terre : cette conduite vous acquit mon estime ; je vous jugeai au-dessus de votre sexe : Jeanne, je vous le répète, une autre carrière s'ouvre devant vous ; justifiez la bonne opinion que vous m'avez inspirée; forcez par vos exploits, par votre renommée ceux qui vous ont bannie des palais de vos aïeux, forcez-les, dis-je, à s'enorgueillir de vous! Sur-tout, ô fille de mon maître bien-aimé, ô fille du plus chéri des princes, ne divulguez jamais un semblable secret. Jurez-le derechef. — Je vous l'ai déjà promis, ô vous que j'ose nommer mon père, je vous 'ai déjà promis, et Jeanne ne sait pas manquer à sa promesse. L'échafaud serait là, qu'à moins que vous ne me permissiez de le faire connaître, il resterait enseveli dans ce cœur déchiré. Je me tairai, mon père. — Ceux qui m'instruisen des démarches de la cour, m'ont mandé que le messager était parti. J'ignore son nom. Allez-donc, sans crainte, jeune enthousiaste, allez, je veillerai sur vous. Mais, avant de vous quitter, venez, ô fille de Louis, venez, Jeanne, que je vous presse dans mes bras. Cet instant me rappellera les jours, où, compagnon de son enfance, je partageais ses jeux, ses plaisirs; ces instants, où me tendant la main, il me nommait son ami! Jeanne releva ses longues paupières que jusqu'alors elle avait tenues baissées vers la terre, l'inconnu vit ses joues vermeilles couvertes de larmes; touché lui-même, il la serra sur son sein. Chère enfant, reprit-il, après un long silence, la prudence exige que vous quittiez les habits de votre sexe: vous ne pourriez, sans honte, aller à cheval ou vous trouver en la compagnie d'hommes d'armes, habillée ainsi. La décence et la modestie le défendent. — Je le demanderai, mon père, au messager du Roi. — Il ne me serait pas difficile, ma fille, de vous donner la somme nécessaire pour vos besoins ; mais, vous voyant de l'or, on vous accablerait de questions : il ne faut exciter aucun soupçon. Adieu donc, mon enfant, que le ciel veille sur vous, qu'il vous fasse surmonter tous les périls ! Puissiez-vous, sur-tout, triompher des plaisirs qui vont vous entourer ! Puissiez-vous triompher des piéges qu'on va tendre à votre jeunesse ! Adieu, ma fille. Jeanne prit sa main et la posa sur ses lèvres, en répétant, adieu, mon père. Ils se séparèrent.

La blessure que Dunois avait reçue à la bataille de Rouvray, ne lui permit pas de faire une grande diligence ; il se vit même contraint à faire quelque séjour à Auxerre pour se reposer de la fatigue qu'il éprouvait en montant à cheval : le peu de jours qu'il y passa lui rendirent les forces nécessaires pour continuer sa route ; enfin, il aperçut les remparts de Vaucouleurs.

Il se fit aussitôt conduire chez le gouverneur : s'annonçant comme un envoyé de Charles, il fut introduit sur-le-champ. Messire Robert, dit le prince, porteur de la lettre de mon Roi, je vous la remets. Je suis Dunois. — Monseigneur, s'écrie Baudricour, quel honneur vous me faites ! — Messire, il faut garder le silence sur mon nom ; je ne dois être à tous les yeux qu'un simple écuyer. Je suis venu pour juger cette fille sans prévention : si elle est digne de confiance, je la conduirai vers Charles. Qu'en pensez-vous ? — Elle est jeune, belle et remplie d'enthousiasme pour la cause royale. — Supportera-t-elle les fatigues et les privations auxquelles les guerriers sont souvent exposés ? — Accoutumée à la vie frugale des habitans d'un hameau, elle ne connaît pas les délices des villes. Son ame paraît forte, sa raison est pleine et entière; et pourtant ses discours sont simples et justes. Prince, vous la verrez. — Allons-y sur-le-champ, afin que si cette fille est guidée par quelque fourbe adroit, il ne la prépare point à ma présence; partons. Baudricour conduisit Dunois à l'asile où se trouvait l'humble bergère.

Jeanne, ayant fait ses prières accoutumées, et n'aimant pas à rester oisive, ses mains prirent sa quenouille et son rouet (1), s'occupant de ce simple travail, elle attendait avec confiance l'accomplissement de la promesse de son noble protecteur.

---

(1) Dans ses interrogatoires, Jeanne disait: Aucune femme de Rouen ne sait coudre et filer comme moi. Aujourd'hui les femmes oseraient-elles se vanter de savoir filer?

Un bruit de pas la tira de son application, elle écoute : On vient, dit-elle, j'entends résonner le fer pesant d'une armure, on vient ! et la porte s'ouvrit au même instant. Jeanne éloigna son rouet et se leva sur-le-champ.

La plus vive rougeur colora son visage en apercevant le guerrier que précédait Baudricour : ce guerrier, qui avait la visière du casque levée, se trouvait être dans l'éclat de la jeunesse et de la beauté ; de beaux cheveux blonds ombrageaient son front ; ce front, où se trouvaient réunis la noblesse et le courage : le plus aimable sourire errait sur sa figure pleine de franchise et de dignité : il salua avec grâce, et tous deux s'assirent sur des siéges que Jeanne leur présenta.

Jeune et belle fille, dit Dunois, je suis chargé par le Roi de venir en ces lieux vous chercher pour vous mener vers lui ; mais je suis aussi chargé de savoir de vous quels motifs ont dicté votre conduite dans la cause importante à laquelle vous voulez vous dévouer ? Parlez sans crainte et sans fard, qui vous inspira ces idées étrangères à votre sexe et à vos habitudes ? — Le malheur de mon pays et la présence de l'Anglais. Souvent assisse à l'ombre des forêts, je pensais aux désastres qui accablent la France, je voyais un prince étranger occuper le trône de mes Rois; cette idée affreuse faisait bouillonner mon sang, cette idée exaltait mon courage et mon imagination ! Ah, m'écriais-je souvent, que ne puis-je sauver ma patrie ! Que ne puis-je en chasser ce vainqueur altier qui se flatte de la subjuguer ! Ces pensées ne furent d'abord que comme une vapeur légère dans mon esprit ; bientôt elles prirent de la consistance ; bientôt je crus possible de les exécuter, bientôt je le souhaitai avec ardeur, bientôt je ne vécus que dans cet espoir... Bientôt enfin je le demandai....., et le Roi envoie un messager pour me conduire à lui..... Mes vœux sont exaucés, le ciel a béni mes prières! Ah! que je suis heureuse en ce jour! — Vous comptez-donc, Jeanne, réussir à chasser l'ennemi des villes dont il s'est rendu maître? — Avec l'aide de Dieu, est-il rien d'impossible! Avec de la confiance, de l'intrépidité, des chavaliers tels que vous, car vous devez être vaillant, nous obtiendrons la victoire. — Mais on m'a parlé de vision, de révélation? — Il est vrai, chevalier. Une voix mystérieuse a daigné m'approuver : elle a loué mon zèle; son assentiment a soutenu mon courage dans les refus que j'ai essuyés. J'ai persévéré et j'obtiens l'accomplissement de mes ardens désirs. Cependant, chevalier, je ne puis et ne veux vous taire qu'il y a un secret confié à ma foi; ce secret je dois le révéler au Roi, au Roi seul. S'il daigne vouloir m'écouter, s'il veut me voir, ma bouche le lui répétera. Mais que ces courtisans ne voient pas en moi une insensée, une visionnaire; ma raison est pleine et entière; je ne suis moi-même que chargée d'une mission; je la remplirai. Je ne sais quel sort me sera réservé ensuite. N'importe, peut-être vivrai-je quelques instans dans la mémoire d'un peuple que j'aurai sauvé.... — Vous croyez donc le pouvoir ? — Je le crois. Vous pensez, Jeanne, que l'Anglais se laissera abattre sans coup férir...... il est vaillant..... il chérit ses conquêtes et ne les cède qu'avec la vie. — Sire chevalier, il est un terme aux fortunes humaines : tel qui se vit un jour au faîte de la gloire et des grandeurs, mais si Dieu lui retire sa main... il tombe à jamais... l'Anglais tombera ! Pourra-t-il résister ? Non. Daignez, puisque vous en avez l'ordre, vous mettre en route avec moi dès demain. Un jour de retard est un jour de perdu pour le salut de la France. Sire chevalier, il est nécessaire de me revêtir l'armure d'un guerrier...... Mais, il est une autre faveur que je veux obtenir, désormais que mon nom soit celui de *Jeanne la Pucelle* (1). Jamais je ne le quitterai. — Quoi! jamais votre sort ne sera uni à celui de quelque homme vaillant ? — Jamais, sire chevalier, jamais: Cette main se desséchera avant que ces doigts ne reçoivent l'anneau nuptial : telle est ma résolution. Si mon cœur était assez faible pour ressentir quelque passion que l'honneur dût désapprouver, que la plus affreuse mort soit mon partage. Sire chevalier, je suis prête à quitter les lieux où s'écoula ma jeunesse et mon enfance. Partirons-nous demain?

―――――――

(1) Du moment où Jeanne partit pour Chinon, elle n'eut plus d'autre nom que celui-ci.

— Oui, fille que je révère, oui nous partirons à l'heure que vous indiquerez.

— Eh bien, chevalier, je vous attendrai à la pointe du jour. Dunois sortit avec Baudricour.

Le prince garda long-temps le silence; cette fille m'étonne, dit-il enfin. Comment croire, gouverneur, qu'elle ait été élevée dans les champs, au milieu des troupeaux! Que de noblesse d'âme! Que ses discours sont persuasifs! Elle est belle, j'en conviens : mais, sa beauté n'est que son moindre avantage : ce qui séduit, c'est ce beau caractère... caractère inconnu dans les cours.... Qu'elle inspirera de respect à tous ceux qui la verront! Baudricour, je n'en doute pas, elle fera passer dans toutes les âmes l'enthousiasme dont elle est pénétrée. Que ne pourra sa généreuse présence sur tous les cœurs français? Après avoir parlé ainsi, Dunois se tut pour se livrer uniquement à ses réflexions.

Jeanne regarda long-temps la porte par laquelle le bel écuyer était sorti; après avoir été plongée dans une rêverie profonde, pendant quelques minutes, elle dit à voix basse : hélas! je vais me séparer de celle qui me tint lieu de mère? Demain je pars, peut-être ne la reverrai-je plus! elle m'aimait! Isabelle, faites tomber votre bénédiction sur ma tête, autrement le ciel me punirait de mon ingratitude... Et vous, qui me croyez votre fille, excellent d'Arc, ne me maudissez pas. Demain je pars, demain, je vais où mon destin m'entraîne. Aussitôt, elle se rendit à l'église, afin de prier le ciel qu'il daignât la protéger dans le voyage qu'elle allait entreprendre.

En conséquence, Jeanne pria son hôte d'écrire pour elle à ses parens : elle leur demandait humblement pardon de sa désobéissance, et leur disait qu'elle cédait à la volonté de Dieu, qui lui enjoignait de partir pour sauver son pays. Après s'être acquittée de ce devoir, elle s'abandonna toute entière à la providence.

Dunois ne fut occupé toute la nuit que de l'image de cette belle fille ; ses discours, ses gestes, sa voix douce et touchante résonnaient sans cesse à son oreille : Non, disait-il, si mes yeux n'avaient pas vu un tel prodige, je ne l'aurais pu croire sur le rapport d'un autre ! Réunir tout à la fois : beauté, force d'âme, et courage indomptable ! O aimable Jeanne, heureux celui qui pourra subjuguer ce cœur, et si pur, et si fier ! Car il est impossible que ce serment que tu viens de prononcer, tu puisse le tenir ! Le besoin de gloire que tu ressens, ne prend sa source que dans une sensibilité exaltée ! Tu n'as pu trouver dans ce hameau où s'écoula ta jeunesse, tu n'as pu y rencontrer le cœur qui devait répondre à ton cœur. Loin, loin de moi l'idée que tu es ambitieuse! cette idée souillerait ton noble caractère! Je vais donc veiller sur toi, je vais donc te préserver des périls où ta démarche peut t'entraîner, chère fille! Demain tu seras remise à mes soins! et cette pensée lui devint précieuse et chère.

Le jour venait à peine de naître, que déja Jeanne avait quitté son humble couche; près de son lit, se trouvait le vêtement qu'elle avait souhaité la veille : un habit d'homme, des bottines, une toque brodée d'or, tout l'ajustement nécessaire au changement qu'elle avait adopté : en faisant cet échange elle rougit plus d'une fois, mais, élevant sa pensée vers le ciel, elle en obtint la force de surmonter la honte qu'elle éprouvait.

Jeanne fut habillée en peu de momens, se jetant à genoux, et joignant les mains sur sa poitrine, elle prononça avec ferveur cette prière : Dieu puissant, si je commets une faute, en dépouillant les habits de mon sexe, ne m'en punis pas : ton œil scrutateur lit au fond des cœurs, il connaît mes motifs, il sait que c'est pour éloigner de moi l'outrage, et les désirs des hommes! O mon Dieu, pardonne à ton humble servante. Elle fit le signe de la croix, se releva plus courageuse encore, et se rendit dans la salle où devaient se trouver ceux qui formaient son escorte.

Dunois, Baudricour et leur suite étaient arrivés. Le prince ne put retenir une exclamation en voyant la bonne mine de cette jeune fille sous un habit qui ne lui était pas familier : Gouverneur, dit-il à voix basse, peu de nos gentils pages pourront disputer le prix de la beauté à notre aimable amazone! Que sa taille est noble! Que ses mouvemens sont gracieux! Jeanne, dit-il en la saluant, êtes-vous disposée à partir? — A l'instant même, sire chevalier, si tel est votre bon plaisir. Aussitôt, elle embrassa son hôtesse, et lui dit : priez ma mère et mon père de m'accorder leur bénédiction. Je pars sans les revoir... mon sort le veut ainsi. Dites-leur que Jeanne ne reviendra près d'eux que lorsque sa mission sera accomplie. Dites à ma mère qu'elle daigne prier pour moi. Elle serra son amie dans ses bras, et sortit de la chambre.

A la porte de la maison, se trouvait un superbe cheval : plus loin une foule de peuple était rassemblée pour assister au départ de la vaillante fille ; en voyant tous ceux qui paraissaient s'intéresser au but de son voyage, elle sentit son cœur pénétré de reconnaissance, faisant alors caracoler son coursier avec grâce et vigueur, elle salua la multitude et la remercia dans les termes les plus touchans et les plus affectueux.

Tout le monde fut bientôt à cheval: Baudricour sa main dans celle de Dunois la pressait avec respect, en lui disant adieu, quand un jeune homme se présenta. — Mon oncle, dit-il, me permettrez-vous de me joindre à l'escorte de la guerrière à qui nous devrons bientôt le salut de la France? Je veux combattre sous ses ordres, mon oncle; daignez ne point me refuser la faveur d'être utile à mon souverain? — Vous voulez me quitter, Bertrand de Poulengy? — Mon oncle, le roi a besoin de soldats? — Gouverneur, dit le bâtard d'Orléans, confiez-moi ce jeune homme, je veillerai sur lui comme sur un frère. — Sire chevalier, qu'il soit fait comme vous désirez, répondit Baudricour en s'inclinant. — Partons, partons, s'écria Jeanne, le jour est commencé depuis long-temps. Adieu, messire Robert. Baudricour, en détachant son épée, et la donnant à la jeune inspirée, dit : *Va, Jeanne, va, et advienne tout ce qu'il pourra* (1). Ils se mirent en route après ces paroles.

Dunois, et le jeune Poulengy, quittaient rarement les côtés du cheval de Jeanne; le vaillant bâtard ne pouvait se lasser d'écouter sa conversation pleine de raison et de sens : étonné, pensif, il avait souvent besoin de revenir sur le passé, pour se rappeler que celle qu'il entendait était vraiment née sous le chaume, et loin de la demeure des rois.

La petite escorte n'était composée en

---

(1) Paroles de Baudricour à Jeanne.

tout que de sept personnes : Dunois eut soin d'éviter toutes les villes, puisque dans toutes, il se trouvait des garnisons anglaises : la prudence exigeait souvent de faire de longs circuits : Jeanne quelquefois ne se prêtait qu'avec peine à tant de précautions : *Je ne crains pas les hommes d'armes, disait-elle : car, j'ai Dieu, monseigneur, qui me fera mon chemin libre, jusqu'à monseigneur le Dauphin* (1) ; mais Dunois ne cédait pas à ces inspirations.

Cependant, l'habitude de voyager ensemble, la connaissance que ce prince fit plus amplement de son noble caractère, de la pureté de son cœur et de ses pensées, l'attachèrent insensiblement à cette jeune fille, qui vivait en quelque sorte sous sa protection, et qui ignorait encore, tant son âme avait de candeur, combien

---

(1) Historique.

elle aurait besoin d'appui dans la carrière qu'elle allait parcourir : toutes ces causes lui inspirèrent le plus vif intérêt en faveur de cette vertueuse créature.

Le jeune Poulengy paraissait quelquefois irrité de la préférence qu'elle accordait au messager du roi : souvent sa tristesse, sa mauvaise humeur, se décélaient malgré lui : Hélas, pensait-il souvent, qu'avais-je besoin de la suivre! de quitter ma famille, mes parens, pour m'attacher à son son sort! Elle me dédaignera! nous allons vivre au milieu de la cour! Cet envoyé lui plaît, elle l'écoute avec plaisir... et moi, je marche derrière eux! à peine daigne-t-elle laisser tomber un regard sur moi! Hélas, je l'aime pourtant malgré ses dédains! si un jour je pouvais lui offrir le titre d'épouse! si elle s'illustrait à la guerre, mon père et mon oncle consentiraient à mon bonheur! Tels étaient les rêves du jeune poursuivant d'armes : rêves aimables, et permis à dix-huit ans.

Le noble bâtard s'aperçut bientôt de l'amour de Bertrand, cette découverte émut son cœur, il sentit que celle qui inspirait à un autre une si ardente passion, ne lui était nullement indifférente à lui-même. Comment en effet eût-il pu rester insensible à ce touchant regard sans cesse fixé sur lui? Comment n'aurait-il pas été ému par les questions qui lui étaient adressées d'une voix pleine de charmes et de douceur? Comment n'eût-il pas été orgueilleux de l'attention avec laquelle on l'écoutait! et ce sourire qui errait sur des lèvres fraîches et vermeilles! ce sourire dont on le remerciait des explications qu'il voulait bien donner à l'inexpérience de celle qu'il protégeait! Dunois était jeune, ardent; Dunois était le fils de l'amour, son sein pouvait en recéler quelques étincelles! Jeanne était toujours avec lui, elle était belle : elle ignorait que sa vue pouvait inspirer des désirs : ayant consacré sa vie à la mère du sauveur des humains, elle croyait, dans son innocence, que ce vœu sacré devait la mettre à l'abri des persécutions des hommes! Jeanne était loin de penser que ceux qui l'entouraient fussent en proie aux passions qu'elle avait fait germer dans leur sein.

Un jour, que tous deux voyageaient paisiblement seuls à côté l'un de l'autre, tandis que Dunois se reprochait peut-être l'ardeur dont il était embrasé, Jeanne, après avoir gardé le silence pendant assez long-temps, dit, en s'approchant de lui, avec une noble simplicité : Sire, chevalier, la question que je vais vous adresser, va sans doute vous paraître indiscrète; mais je ne puis résister au besoin de vous la faire ? Élevée dans une chaumière, et loin des palais, il est nécessaire que je connaisse les lieux où je vais vivre; daignerez-vous, chevalier, me tracer les caractères des chefs de guerre, et de quelques personnes de la cour?—Volontiers, chère et noble Jeanne, répondit Dunois. Tous ceux qui marchent sous les étendards du monarque français, sont doués d'une bravoure à toute épreuve : nommerai-je Poton-Xaintraille, si vif, si ardent, si impétueux? le brave et généreux Lahire? Lahire, qui au moment de monter à l'assaut, s'adressant à Dieu avec sa franchise ordinaire, lui disait : *Grand Dieu, je te prie que tu fasses aujourd'hui pour Lahire, autant que tu voudrais que Lahire fît pour toi, s'il était Dieu, et que tu fusses Lahire* (1)? Les citerai-je tous? Gaucourt, Rais, le digne maréchal Sainte-

―――――――――

(1) Historique.

Sévère, qui n'a jamais été battu par l'ennemi, et qui toujours fit reculer l'Anglais! — Brave homme, s'écria la jeune enthousiaste, quoi, jamais l'Anglais ne l'a vaincu? — Jamais. C'est à ses glorieux exploits que Charles est redevable du peu de villes qu'il conserve encore dans son royaume. Mais, pourquoi ne pas dire la vérité toute entière? tous ceux que l'ennemi n'a point séduits par d'indignes largesses, sont intrépides, vaillans. Ils combattent pour leur prince, ils sont Français, on peut tout attendre d'eux! tous les généraux, tous les capitaines, tous les hommes d'armes n'ont donné à la France que d'illustres exemples: il est impossible d'en désigner un qui ait plus de bravoure que ses dignes compagnons? — Et le brave comte de Dunois, vous ne m'en parlez pas, chevalier? — Dunois est issu du sang royal, en se dévouant pour son roi, il n'a fait que son devoir. Il est jeune, et il suit autant qu'il lui est possible, la trace de ses ayeux dans la carrière de la gloire. — Qu'il me tarde de voir ce jeune héros ! il me tarde de combattre près de lui, dit Jeanne avec vivacité. — Dunois serait orgueilleux d'inspirer un tel souhait, s'il pouvait en être instruit. Mais, fille héroïque, il ne vous sera pas difficile de vivre avec des guerriers; ce qu'il vous importe d'approfondir, ce sont les intrigues de la cour : écoutez-moi avec attention, j'ose vous en prier.

Les malheurs de Charles ont changé son caractère : aux jours de son enfance, il était franc, sincère : plein de magnanimité, son âme aimait à s'épancher avec abandon dans le sein de ses amis : depuis que le sort lui a été contraire, depuis que sa cruelle mère a voulu, aux yeux de l'univers, le priver de ses légitimes droits, il est devenu défiant, soupçonneux (1): cependant, on retrouve souvent quelques étincelles de son ancienne générosité; celui qui peut captiver son affection, trouve en ce prince un ami, et non pas un maître : la Trémouille en ce moment gouverne l'état au nom du monarque, la Trémouille, dont l'ambition ne peut jamais être satisfaite! lui, qui supplanta son bienfaiteur, et qui tous les jours abreuve ce guerrier généreux d'outrages et d'affronts. — Quel est donc celui que vous semblez plaindre ? — Le comte de Riche-

---

(1) Après le meurtre du duc de Bourgogne, Isabelle fit tant par ses coupables intrigues, auprès du malheureux Charles VI, qu'il déshérita son fils; on transmit ses droits aux enfans qui devaient naître de Catherine de France, mariée à Henri V, roi d'Angleterre. Cette affreuse injustice devint la source de toutes les guerres qui éclatèrent alors dans le royaume.

mont, connétable de France. — On nous avait parlé de sa valeur. — Elle est réelle. Bien plus, loin d'abandonner Charles à son malheureux sort, loin de retourner vers le duc de Bretagne son frère, et d'ôter un allié puissant au monarque aveuglé par son goût pour un favori, il ne se venge qu'en héros; il combat toujours sous ses drapeaux, et malgré les viles intrigues de la Trémouille, il remporte souvent de nouveaux avantages sur l'ennemi. — C'est ainsi que l'on doit agir lorsqu'on éprouve quelque injustice. Les torts des autres n'excusent pas ceux que nous pourrions avoir : j'estime la conduite et le caractère du comte de Richemont. — Vous le devez, Jeanne. — Mais quel motif enfin guide ce la Trémouille? — Le besoin de gouverner, et la crainte d'avoir des concurrens. Lié d'intérêt avec Agnès, ces deux personnages ne peuvent souffrir ceux à qui Charles témoigne quelque amitié, quelque intérêt ! — Quelle est cette Agnès, sire chevalier ? — Vous ignorez quelle place elle occupe à la cour ? — Oui. A Domremy, on ne parle que du roi et de la reine, voilà tout. — Eh bien, vertueuse Jeanne, c'est celle qui partage le cœur de Charles avec Marie d'Anjou ? — O crime ! — Charles est excusable, Agnès est belle, et l'aime plus que sa vie. — Que je hais cette femme et ce la Trémouille ? — Il ne faut pas, si vous voulez ne point échouer dans vos entreprises, il ne faut pas faire éclater de tels sentimens ; j'ai cru devoir vous prévenir sur les intrigues de la Trémouille : pour Agnès, elle est si jolie, que je n'ose blâmer mon roi de céder au penchant qui l'entraîne vers cette aimable fille. — Oh, pouvez-vous parler ainsi ? vous, chevalier, que je croyais si plein de loyauté ! mais la reine doit être au désespoir? — La reine ferme les yeux sur les fautes d'un époux qu'elle chérit. D'ailleurs, Agnès est remplie de déférence pour son auguste personne. — Oserait-elle agir autrement? — Vous verrez Marie, vous verrez ce que la nature a formé de plus parfait; sa vue inspire le plus profond respect; ses paroles et ses actions font naître l'amour et la reconnaissance dans tous les cœurs. — Que je serai heureuse, le jour où il me sera permis de tomber à ses genoux ? Dois-je vous le dire, chevalier, vous avez oppressé mon cœur en me faisant connaître les torts du roi. — Je ne pouvais vous les cacher. Le roi est homme, et par conséquent sujet aux humaines faiblesses. Jeanne garda le silence et tomba dans une profonde rêverie.

Dunois s'aperçut bientôt qu'elle avait été blessée par sa franchise; les jours suivans elle eut soin de ne pas s'éloigner de l'escorte; mais enfin cet attrait tout puissant qui l'entraînait vers le prince, ne tarda pas à forcer de nouveau cette jeune enthousiaste à se rapprocher de lui.

Quand il vit qu'elle lui parlait sur le même ton de douceur que dans les premiers instans de leur voyage, le vaillant bâtard en éprouva la plus vive joie; sa bouche ne remercia point Jeanne de sa condescendance, mais ses regards se dédommagèrent, avec usure, du silence que ses lèvres s'imposaient.

Enfin ils arrivèrent à Auxerre, première ville qui reconnaissait l'autorité de Charles VII; voilà, s'écria Dunois, voilà des remparts qui ne furent jamais souillés par des hôtes étrangers! voilà des remparts qui furent toujours fidèles à leurs maîtres! Salut, salut, murs révérés, salut, ajouta le héros, en découvrant son noble front; Jeanne l'imita, toute leur suite suivit cet honorable exemple.

Ils entrèrent dans cette cité, y reposèrent une nuit : dès le matin elle témoigna le désir d'entendre la messe; depuis si long-temps elle en était privée ! on la conduisit à l'église, et là cette nouvelle Judith remercia le ciel de la faveur qu'il avait daigné répandre sur elle et sur ceux qui l'accompagnaient, en les préservant de tout accident.

Bientôt le bruit se répandit dans toute la ville qu'une *pucelle* allait vers le Roi pour le défendre et pour chasser l'ennemi du royaume : tous les habitans accoururent pour voir la vierge guerrière qui promettait de si hautes merveilles; ils la virent, et sa contenance modeste lui gagna tous les cœurs.

Belle, simple, modeste, les joues couvertes de l'incarnat de la pudeur, Jeanne, loin d'être intimidée par cette foule qui l'obsédait, les yeux calmes et sereins, semblait être un ange planant sur les mortels, un ange à qui Dieu avait confié un message qui le condamnait à quitter pour quelque temps la demeure céleste qu'il habitait.

La renommée, qui exagère tout, répandit bientôt que cette même *pucelle* avait le don de faire des miracles ; alors ces crédules esprits vinrent s'offrir à Jeanne avec un nombre considérable de chapelets, de reliques, de pauvres enfans malades et infirmes : surprise, étonnée de semblables demandes, elle répondit simplement : *Touchez-les vous-même, ils seront aussi bons de vos mains que de la mienne* (1). C'est ainsi que sa bouche

_____

(1) Historique.

pure s'exprimait. Sa droiture rejetait une gloire qu'elle ne méritait pas : pouvait-elle, sans rougir, ajouter foi aux discours de ces insensés, qui s'étaient persuadés qu'elle possédait le don puissant de soulager les maux des mortels sans l'étude de cet art sublime et les connaissances nécessaires à ceux qui se dévouent à secourir les souffrances des misérables humains.

CHAPITRE X.

Ces acclamations, ces cris de joie et d'espoir de toute une cité, enflammèrent le courroux de quelques prisonniers anglais et bourguignons relégués sur leur parole à Auxerre : Quoi, dit un de leurs chefs, nous laisserions cette fille extravagante inspirer du courage à ces indignes Français! il faut qu'elle meure, il faut qu'elle périsse avant de commencer son odieuse entreprise : nous verrons si les saintes qui la protégent, la défendront contre la pointe de nos épées! Ils dirent, et plusieurs d'entre ces perfides se réunirent et se liguèrent pour attaquer Jeanne et sa faible escorte dans un endroit où il était impossible qu'elle obtînt le moindre secours.

Se cachant dans l'épaisseur d'une sombre forêt, entre Gien et Romorantin, ils attendirent l'instant où cette petite troupe devait la traverser : Dunois, qui aimait la chasse passionnément, et qui se croyait en sûreté sur les terres soumises à l'autorité de son maître, Dunois se mit à poursuivre un sanglier qui fuyait en courant sur la route, au moment où ils entraient dans l'intérieur du bois : cependant, avant de quitter Jeanne, il eut soin de la recommander au zèle de ceux qui l'accompagnaient ; piquant son coursier, il se mit à harceler le sauvage animal.

Les prisonniers furent enchantés de son départ : bien qu'ils ne le connussent point, son air martial et sa contenance guerrière leur en avaient imposé ; à peine le virent-ils éloigné et acharné après le monstre des forêts, qui avec adresse embarrassait le chasseur dans les taillis et les ronces, qu'ils se montrèrent tout-à-coup à Jeanne et à ses braves amis.

Le chef s'avança hardiment vers eux : Pucelle, dit-il, puisque tel est ton nom, viens avec nous, rends-nous ton épée pauvre fille; qui penses-tu épouvanter avec ta belle figure? Allons, viens, jolie pucelle, viens, nous sommes de bons compagnons. En disant ces mots effrontés, il se penche pour saisir la bride du cheval de l'héroïne de Vaucouleurs; mais elle, tirant son épée, lui crie : Chef, si tu oses toucher à rien de ce qui m'appartient, tu périras. Eloigne-toi, je te l'ordonne. Cette voix noble et fière, son attitude, les éclairs qui partaient de ses yeux indignés, étonnèrent un moment ce guerrier; il hésite, il ne sait s'il doit se mesurer avec une jeune fille à qui le métier des armes est inconnu; mais, bientôt reprenant toute son audace, il s'écrie : Qui, moi? je céderais à une femme? moi?

aussitôt il fond sur elle, veut l'enlever dans ses bras, et l'emmener ; Jeanne se défend, résiste de toutes ses forces : les soldats bourguignons et anglais se rangent autour de ce téméraire pour lui servir de rempart contre ceux qui voudraient la défendre : leur nombre est de douze ou quinze environ. (1) Déjà le chef était parvenu à lui faire lâcher l'étrier, quand Poulengy tombe sur lui avec fureur, et le blesse grièvement, en lui enfonçant son épée au milieu de la poitrine ; le chef abandonne sa proie : ses compagnons se précipitent comme des assassins sur ce valeureux jeune homme. Jeanne combat à côté de lui, pare une partie des coups qui fondent sur lui ; les lâches redoublent d'efforts ; Poulengy, aidé par ceux de son parti, fait des prodiges de va-

---

(1) Historique.

leur; mais enfin sa main se lasse, le sang qu'il perd de ses nombreuses blessures l'affaiblit, sa tête se penche, il succombe et s'évanouit. Un des siens le reçoit dans ses bras, et s'éloigne de quelques pas, pour mettre en sûreté le corps du vaillant défenseur de l'héroïne.

Effrayée du péril des gens de son escorte et de la mort qui va les atteindre, Jeanne, loin d'être intimidée, soutient avec un courage intrépide les efforts qu'ils opposent aux coups de l'ennemi qui les attaque : elle est partout, partout elle vole au secours de celui qui va succomber : tout-à-coup sa mémoire lui rappelle ce moment où un cri vengeur intimida de farouches Anglais : Armagnac! s'écrie-t-elle d'une voix éclatante. Armagnac! Armagnac! répéta l'écho de la forêt : ce nom magique suspend la fureur des assaillans, ils regardent autour d'eux avec effroi, ils s'arrêtent, écoutent ; ce cri leur paraît le cri de l'ange exterminateur.

Au même instant un guerrier couvert d'une armure de deuil paraît ; son épée, comme la foudre, dissipe cette tourbe d'assassins : il frappe, et tous ses coups sont autant de blessures : épouvantés, les lâches qui survivent, fuient et emportent mourant celui qui les avait conduits à cette infâme entreprise.

Dunois arrive, le nom d'Armagnac avait retenti jusqu'à lui, il arrive : quel spectacle, et quels regrets pour son grand cœur ! partout du sang et des morts ! où étais-je, s'écria-t-il avec douleur ! ô fatalité ! Vous avez combattu, mes braves amis, et moi j'étais loin de vous. La nouvelle héroïne, l'œil encore animé et le maintien assuré, lui dit : Chevalier, je dois mon salut et celui des nôtres à un guerrier inconnu... mais, où donc est-il ?

Je vois encore son casque orné de plumes noires, son armure et son bouclier de même couleur... où donc est-il ? Guerrier, ajouta-t-elle, à haute voix, qui que tu sois, nous te devons la vie, reçois nos vœux et les expressions de notre gratitude. Elle se tut, tout garda le silence.

S'avançant vers Poulengy, qu'un soldat soutenait, Jeanne défait son casque, Dunois lui détache son armure : on visite ses blessures, elles semblent profondes et dangereuses, on va chercher de l'eau pour laver ses plaies sanglantes. La brave amazone s'acquitte avec zèle de cette tache douloureuse : quoique vaillante, elle est femme, et son cœur, bien qu'il soit plein de courage et de bravoure, n'en possède pas moins les aimables et touchans attributs du sexe auquel elle appartient.

Lui prodiguant tous les soins que son

état exige, la jeune amazone lui bassine doucement les tempes; malgré l'inutilité de ses efforts, elle ne se décourage point; son cœur bat encore, disait-elle, en fixant son regard plein de pitié sur le beau Dunois : non, il n'est pas mort! oh, quel regret j'éprouverais si un si vaillant jeune homme périssait pour m'avoir défendue! et elle redoublait de zèle pour le secourir.

Enfin il ouvrit les yeux; en voyant celle qu'il aime, occupée à le rendre à la vie, un faible sourire erra sur ses lèvres pâles. Que je suis heureux, murmura-t il! heureux en ce moment! Dunois a compris le sens de ces paroles, mais celle qui l'inspire, ne connaît pas le langage empoisonné de l'amour et des passions.

Aussitôt qu'il eut assuré qu'il était en état de soutenir la marche, on le plaça sur le cheval de Jeanne, comme étant le plus doux : elle ne voulut confier à personne les soins nécessaires à son libérateur : faisant attacher le coursier qu'elle montait, à côté de celui de Poulengy, ce fut elle qui remplit la noble tâche de soutenir dans ses bras, et sur son sein virginal, ce corps défaillant.

On alla au pas jusqu'à Romorantin : là les voyageurs se logèrent dans un couvent de religieux : un frère, instruit dans la science de guérir les blessures, les visita, y mit le premier appareil, et déclara qu'elles n'étaient pas mortelles : cette assertion combla Jeanne de la plus sincère joie.

Afin que le ciel exauçât les vœux qu'elle formait pour la vie de Poulengy, elle se rendit aux pieds des autels : sa prière monta sans doute jusqu'au trône de Dieu, car le jour suivant, le blessé était déjà en état de se lever.

Accompagnée de Dunois, et d'un chevalier de l'escorte, la Pucelle se rendit à la cellule qu'il habitait : en la voyant, sa pâleur céda au plus vif incarnat : Je vous revois enfin, dit-il, en lui prenant la main et la portant à ses lèvres, je vous revois! ô bonheur! que j'ai été heureux de pouvoir vous défendre ! quelle satisfaction pour moi, et que n'aurais-je pas donné pour mourir pour vous et en sauvant vos jours! O Jeanne, ô femme incomparable! avez-vous plaint celui qui, sans le moindre regret, répandait son sang pour vous! Ah, qu'il était fortuné en ce moment! — Votre sang appartient à la France, au roi, noble Poulengy, répondit-elle avec douceur : ce sang répandu pour une femme, encore obscure, mérite nos regrets: une plus noble cause lui était due : la France, la patrie y avaient des droits sacrés, mais, une femme, mais, moi... n'importe, vous avez montré dans ce moment fatal, quels exploits l'on peut attendre de votre valeur. — C'est pour vous seule que je fus brave; ce n'est que pour mériter vos louanges que je veux m'illustrer; vous êtes tout pour moi, je ne veux que vous suivre en tous lieux. — Nous reparlerons de nos projets, lorsque nous ne tremblerons pas pour vos jours : daignez, jeune Poulengy, vous tranquilliser, et tâchez de rappeler vos forces épuisées. La vie des guerriers ne leur appartient pas, c'est le trésor de la patrie; jeune Bertrand, la gloire et l'immortalité attendent les héros, devenez-le. La noble fille salua et sortit.

Dunois fut soucieux tout le reste du jour : il crut que Jeanne avait compris l'amour que le blessé avait exprimé : cet insensé, murmurait le héros, a abusé de l'état de faiblesse où il se trouve? il a osé déclarer sa passion, elle l'écoutait..... elle

a même rougi... la partagerait-elle ? O douleur, ô désespoir ! un autre aurait des droits sur elle !... un autre ferait palpiter ce cœur si noble et si généreux ! et moi qui l'aime dans le silence ! moi, qui cache à tous les yeux le feu qui brûle dans mon sein..... Je n'ose en confier l'ardeur à ce ciel qui la protège.... il me semble que ce serait profaner cette figure, où la vertu brille dans sa pureté, dans toute sa splendeur... Oui, je me tairai... je le dois... Abuserai-je de la confiance qu'elle me témoigne .. je me ferais horreur ! Eh bien, que ce secret, que cet amour restent encore dans le fond de mon cœur !... Je l'aime... oui, je l'aime... peut-être un jour les obstacles qui nous séparent, seront-ils aplanis !.... Je suis du sang des rois..... elle..... elle n'est rien..... rien, qu'une simple villageoise.....
Ah, si la vertu, la grandeur d'âme, le courage, la générosité, plaçaient les fem-

mes sur le trône, Jeanne, aimable Jeanne, vous y auriez des droits!.... où m'égarai-je!.... Et Dunois comme un homme qui cherche à chasser des idées importunes, s'éloigna sur-le-champ, et alla rejoindre celle dont il était toujours occupé.

Il la trouva se promenant dans le cloître qui entourait le cimetière du couvent; pensive, absorbée dans ses pensées, il la joignit avant qu'elle fût tirée de sa rêverie : le bruit de son armure la fit tressaillir; elle tourna les yeux vers lui, en disant : Ah, c'est vous, sire chevalier. — Oui, Jeanne, c'est moi. Eh bien, reprit-il après quelques minutes de silence, resterons-nous ici pour attendre la convalescence de notre blessé? — Il me semble que ce serait convenable. — Il me semble, Jeanne, que vous ne sauriez trop tôt vous éloigner de ce jeune homme..... il vous aime.... et plus vous resterez près de lui...

— Il m'aime, avez-vous dit ? est-il un mortel assez insensé pour prendre de l'amour pour celle qui a dévouée sa vie au Seigneur, et son bras à son roi et à sa patrie ! lui m'aimer ! cela ne se peut. Je ne l'ai pas encouragé... non, il ne peut, ni ne doit m'aimer. Vous vous êtes trompé, sire chevalier. — Quoi, vous n'avez pas observé ses regards ? quoi, vous n'avez pas compris ses paroles, âme vertueuse et naïve ? et que signifiaient donc ces mots...
— Ne les prononcez plus, chevalier, s'ils sont les expressions d'un amour qui m'offense : Jeanne a juré, Jeanne a promis à la mère du Sauveur, que jamais ses oreilles ne seraient profanées : que jamais elles n'écouterait le langage effréné des passions, elle l'a juré solennellement. Il aurait osé, dites-vous, concevoir un criminel espoir ! cela ne peut être ! ignore-t-il mes sermens, ignore-t-il à qui je me suis

dévouée ! ignore-t-il, que ma mission n'est pas remplie ? quelle est d'arracher la France aux mains de l'étranger ! quelle est de le chasser des états du légitime héritier. L'ignore-t-il ! non. L'intérêt que vous prenez à moi, chevalier, vous aura déçu. Je ne puis croire que celui qui se destine à l'honorable profession des armes, veuille la flétrir d'avance par des actions qui blessent l'honneur et la loyauté. Si Poulengy ressent une passion que la vertu désavoue, il n'a plus de droits à mon estime. Qu'il vive loin de moi, et que sa présence ne frappe plus mes regards... — Mais, noble fille, dépend-il de nous de vaincre l'amour ! vous ignorez combien il a de puissance sur l'âme des faibles mortels... heureuse, vous ne l'éprouverez peut-être jamais..... — Cœur sans énergie, répondit Jeanne en souriant avec dédain : moi céder à l'amour ? moi, si mon cœur le ressentait un jour..... je combattrais ce penchant fatal..... je le combattrais, et je triompherais et de lui et de moi ! — Vous le croyez, dit le vaillant bâtard avec douceur, vous le croyez ! Ah, ne vous fiez pas à ces lueurs d'un courage bien souvent trompeur ! on se flatte d'avoir surmonté ce sentiment devenu presque le mobile de l'existence ; on s'en flatte, on le croit ; la raison même s'en enorgueillit, hélas, on revoit l'objet qui le fit naître, on le revoit, et tout s'évanouit ! Que je le plains ce malheureux Poulengy, surtout s'il encourt votre indignation. — Chevalier, je ne suis point injuste ; s'il est vrai, comme vous l'affirmez, que ce jeune homme m'aime, irai-je lui donner pour récompense ma haine ? non, je ne ressens pour lui que de l'indifférence et de la compassion. Mais, de grâce, que cette conversation soit la dernière sur un semblable sujet. J'ose vous prier de l'avertir que demain nous poursuivons notre route : dites-lui que nous ne pouvons apporter le moindre retard à notre voyage : dites-lui... mais, je m'en rapporte à votre prudence et à votre générosité, envers un homme qui n'est pas encore échappé à la mort. Elle salua gravement le prince et se retira dans sa cellule. Dunois se rendit immédiatement dans celle de Poulengy, et lui fit part de la résolution qui venait d'être prise, il lui cacha seulement que c'était le désir de Jeanne; ce ne fut pas sans peine qu'il obtint de Bertrand qu'il resterait quelques jours encore dans l'asile où tous les secours et les soins les plus attentifs lui étaient prodigués.

Le soleil ne paraissait pas encore sur l'horizon, que déjà on était à cheval; Dunois, Jeanne et leur suite, après avoir remercié les bons religieux, se disposaient au départ, quand le blessé ayant entendu le bruit que faisaient les hommes et les coursiers, parut tout-à-coup au milieu de la cour, soutenu par un frère.

S'approchant de l'héroïne, les yeux baignés de pleurs, il la supplia de recevoir ses adieux : Vous me quittez, dit-il, sans me permettre de vous suivre. Hélas, sais-je si je guérirai de mes blessures! Ah, si je dois mourir, Dieu puissant, que ce soit du coup dont je garantirai sa tête! Adieu, Jeanne, adieu, puissé-je bientôt vous revoir! mais, plutôt, fille angélique, priez, priez, pour un malheureux qui perd tout en vous perdant. — Je prierai le ciel qu'il vous guérisse; si mes prières peuvent être entendues, vous retrouverez la tranquillité... — Je n'en veux point à ce prix : je veux vous aimer jusqu'au tombeau... je veux... — Poulengy, rappelez-vous ce que vous devez à vous-même, rappelez-vous ce que vous me devez. J'entends le signal du départ. Adieu. Elle s'éloigne. Le jeune homme pousse un gémissement douloureux et s'évanouit. Jeanne se retourne, la pitié va l'emporter, elle va revenir près de lui ; mais Dunois pique son coursier, franchit la porte du monastère, elle jette sur ce corps inanimé un triste regard, soupire, saute à cheval, et suit le héros.

Ils n'éprouvèrent aucun autre accident : Dunois, malgré la déclaration formelle de Jeanne, avait ressenti un mouvement de jalousie, en apercevant la pitié dont elle n'avait pu se défendre envers le malheureux Poulengy. Elle l'aimera, pensait-il, pourra-t-elle demeurer insensible à cet amour brûlant ! Elle l'aimera ! que dis-je, elle l'aime déjà ; n'ai-je pas vu son doux regard se reposer sur lui ! O désespoir ! mais, si elle apprenait dans quel rang je suis né ! Elle connaît mes exploits ! ne m'a-t-elle pas dit un jour : et ce brave Dunois, vous ne m'en parlez pas ! Oui, l'ambition étouffera ce feu léger, cette flamme éphémère ! Dunois ne peut être dédaigné ! toutes les femmes de la cour seraient fières de son hommage ! Quelle est mon erreur ! que fait à l'amour, le rang, la fortune ! il les méprise ! Moi, bâtard d'Orléans, voudrais-je qu'on accordât à ma haute naissance, ce qu'on m'aurait refusé comme simple écuyer ! ne rougirais-je point d'obtenir un cœur à ce prix ! Je ne puis encore me faire connaître, j'ai promis à Charles de ne me découvrir qu'à mon retour. Ainsi point de faiblesse, mon cœur, surmonte quelques jours encore cette passion qui t'est si chère ! Quel sera son orgueil, quand elle apprendra ce que j'ai fait pour m'assurer quelle était digne de paraître devant son souverain ! sa reconnaissance me sera acquise ! Hélas, me tiendra-t-elle lieu des souhaits que je forme intérieurement ? Telles étaient les chimères que nourrissait l'aimable et vaillant Dunois.

Déjà ils avaient traversé toutes les villes qui les séparaient de la cour ; déjà, il ne restait plus que quelques lieues à franchir, pour que Jeanne fût au comble de ses vœux : déjà l'antique édifice de Sainte-Catherine de Fierbois, se dessinait dans un massif de chênes qui avaient vu naître, s'élever, et s'éteindre plusieurs générations : l'héroïne pria le messager du roi de vouloir bien s'arrêter quelques jours dans ce village, afin qu'elle pût se recueillir, faire ses dévotions, et supplier le Très-Haut qu'il daignât toucher le cœur du *gentil Dauphin*. Jeanne dit encore qu'elle attendrait en ce lieu les ordres et les commandemens du roi à son égard.

Dunois consentit à ces demandes, même il se décida à se rendre près de Charles, pour lui rendre compte de sa mission : Jeanne le voyant déterminé à partir, lui confia que ses désirs seraient que le roi reçût une lettre d'elle; Jeanne avoua son ignorance dans l'art d'écrire, le bâtard sourit; prenant une plume, il la pria de lui dicter ce qu'elle souhaitait mander au monarque, elle y consentit, et termina en disant : *Qu'elle désirait savoir si elle devait entrer dans la ville où il était : qu'elle avait bien cheminé l'espace de cent cinquante lieues pour venir vers lui, à son secours : et qu'elle savait beaucoup de choses qui lui seraient agréables.* Le prince se chargea de la missive, et partit pour Chinon.

Afin d'obtenir une réponse favorable, Jeanne se rendit à l'église de Sainte-Catherine, célèbre par les pèlerins qui la visitent; elle intercède la sainte en qui elle avait confiance; se rappelant les jours où elle avait cru voir une apparition, où des voix et des figures, qui lui avaient paru célestes, lui avaient ordonné d'invoquer désormais la vierge qui portait ce nom.

Tandis qu'agenouillée sur les marches de l'autel, son ardente prière montait jusqu'au pied du trône de l'éternel; recueillie dans de sublimes pensées, elle oubliait que le jour touchait à sa fin, et que la nuit, de ses sombres voiles, allait dérober aux regards et le sanctuaire et les pieux fidèles prosternés devant lui.

Un soupir frappe son oreille : surprise, elle relève son front courbé sur le marbre : un religieux est debout près d'elle; il la considère en silence : Priez, dit-il enfin, priez, ma fille : ici, ajouta-t-il, en posant la main sur l'autel, ici repose un serviteur fidèle, un ami de votre illustre père! priez, priez pour lui! O généreux Bréban, ô véritable ami, tu mourus sans avoir vu la punition du coupable! il est tombé sous le fer vengeur! Le ciel est juste! *Qui tire le fer du fourreau, doit périr par le fer!* Il est tombé! Près de ce digne ami, jeune fille chérie du ciel, près de lui, se trouve l'épée de Louis d'Orléans, ne l'oubliez pas; qu'elle vous serve à guider les Français contre l'Anglais et le Bourguignon..... Elle fut à Louis d'Orléans, que sa fille la tire de son obscurité! Mais, ô Jeanne, votre sexe, votre âge, ne permettent pas qu'elle soit souillée de leur sang impur! qu'elle ne serve que pour votre légitime défense, si l'on attaque votre vie! qu'elle soit comme un gage sacré de la protection divine! N'oubliez pas, *que celui qui tire le fer du fourreau, doit périr par le fer* (1). Mais, quel est ce chevalier qui vous accompagne, dont la figure est toujours cachée par la visière de son casque? — Ses traits sont beaux et réguliers : pour son nom, je ne le connais pas. — Méfiez-vous, Jeanne, de ceux qui voilent leur visage, ils cachent de sinistres projets. — Le langage de ce guerrier est noble et pur, il a ma confiance; il est le messager de mon roi, je n'ai rien à craindre. — Pourquoi s'était-il éloigné à l'instant où vous fûtes attaquée? c'était peut-être un piége tendu par lui-même? — O mon père, que dites-vous? il est incapable de tant de bassesse. — Vous ne connaissez pas les ruses des cours :

---

(1) Jeanne ne se servit jamais que de son étendard pour conduire les Français au combat; elle n'employait, pour sa défense contre ceux qui l'attaquaient, qu'une petite hache qu'elle portait à son côté. (*Historique.*)

puissiez-vous n'avoir jamais à gémir sur la sécurité que de trompeuses apparences vous inspireront. Ainsi, vous ignorez le nom de celui qui devait vous protéger dans votre voyage ? — Je ne le lui ai point demandé. Sa vue et ses nobles discours ont été pour moi des indices certains de sa franchise et de sa loyauté. — D'où peut venir tant de chaleur à prendre sa défense ? — Je lui rends justice, et voilà tout. — Excuserez-vous aussi l'abandon où il vous laissa ? Sans un chevalier inconnu, quel serait à présent votre sort ? peut-être seriez-vous dans les fers de l'ennemi de la France ! l'Anglais vous eût fait payer bien cher vos vœux et votre espoir. — Qui donc, ô mon vénérable protecteur, qui donc a pu vous instruire de cet événement ? — Ne vous ai-je pas dit : vous me trouverez partout : toujours je veillerai sur vous : Jeanne, vous avez méconnu la main de votre ami... mais, je vous excuse, à votre âge, il est permis de se tromper. Dans le monde nouveau où vous allez entrer, observez bien vos discours, vos gestes, vos mouvemens. Ne comptez nullement sur les démonstrations qui vous seront prodiguées. Vous allez vous trouver entourée d'ennemis qui, sous le masque de l'amitié, vous tendront des pièges, dans lesquels il vous sera difficile de ne point tomber. Observez-vous bien, je le répète encore. Surtout ne vous laissez pas égarer par cette franchise, qui forme la base de votre caractère : cachez-la bien : on en abuserait pour vous perdre. Voici le moment où un nouvel avenir s'ouvre devant vous : vous allez vous trouver devant un roi, un frère..... dites-lui de quel sang vous sortez..... montrez-lui l'anneau qui vous fut remis... et ces preuves devront le convaincre.—Daignera-t-il ajouter foi à mes paroles? quels seront mes garans?—Il en aura. Fille incrédule, douteriez-vous?—Non, je ne doute pas. Mais, d'autres auront-ils la même croyance?—Il ne faut persuader que Charles, il le sera. — Je me suis abandonnée entièrement à ma destinée : j'ai senti naître dans mon sein le courage nécessaire pour accomplir la mission que je me suis imposée. Je ne veux que réussir, dussé-je, après ces grands travaux, payer de ma vie et du plus affreux trépas, le triomphe de mon roi! J'en conviens, mon âme s'élève, s'agrandit à la pensée, que le même sang coule dans mes veines et dans celles de mon souverain! moi, qui jusqu'à ce jour ne fus vouée qu'à l'obscurité! Mais, je dois en convenir, ce n'est pas cette haute naissance qui m'inspira le désir ardent de chasser à jamais l'Anglais de ma patrie! A peine me connaissais-je, que déjà mon cœur se soulevait à l'odieux nom de *Bourguignon*. Ce guerrier sur lequel planent vos soupçons, ce guerrier m'a dévoilé plusieurs intrigues de la cour ! déjà il m'a nommé la Trémouille, et cette Agnès, qui ose porter la douleur et le désespoir dans le sein de la vertueuse Marie d'Anjou ! Tant de dépravation m'a indignée : cette femme m'inspire un dégoût, une horreur invincibles. — Avais-je tort, en vous invitant à vous méfier de ce chevalier ? pourquoi dévoile-t-il les faiblesses de son maître ? et pourquoi souille-t-il vos pensées par la découverte de mystères que votre candeur lui faisait un devoir de vous céler ! je le redis encore, cet homme n'est pas digne de votre confiance. Tenez-vous sur vos gardes, et qu'il ignore jusqu'au moindre de vos secrets. — J'obéirai à ce que vous ordonnez, mon noble guide. — Bien que vous allez vous trouver obsédée de toutes parts, ne craignez rien, je me trouverai partout. N'oubliez pas, Jeanne, l'épée d'un brave ; l'épée de votre père. Adieu, ma fille, ne perdez jamais courage, et comptez sur la protection du Très-Haut, il aime la France et jettera sur elle un regard favorable, et vos travaux seront bénis. Le religieux étendit les doigts sur le front de la noble *Pucelle,* et disparut au même moment. Elle joignit les mains, les croisa sur sa poitrine, et se retira avec recueillement.

CHAPITRE XI.

— Dunois, arrivé à Chinon, se rendit aussitôt à la chambre du roi; Marie d'Anjou et la charmante Agnès s'y trouvaient réunies. — Eh bien, brave comte, dit Charles, m'amenez-vous enfin cette fille extraordinaire? et ce que l'on en raconte est-il vrai? est-elle belle, jeune? — Elle est belle, jeune et vertueuse : quant à son courage, il est au-dessus de son sexe et de l'humanité! Cette fille, sans éprouver la moindre crainte, a combattu sous mes yeux. Alors le brave Dunois raconta la scène de la forêt. — Enfin, que prétend-elle? puis-je me rendre à ses vœux! je veux bien l'employer à la guerre, puisqu'elle le désire, mais ce ne peut être que dans les derniers rangs des hommes d'armes; c'est tout ce que je puis faire pour ne pas jeter de ridicule sur l'armée et sur moi. — Quand vous l'aurez vue, sire, vous changerez de sentiment : son maintien, son regard en imposent au plus hardi. — Quoi, le vaillant bâtard, dit Marie, tremblerait-il devant une femme ? — Oui, madame, je tremble devant la beauté, bien que je l'idolâtre. Jeanne pleine d'enthousiasme pour votre cause, sire, ne doute nullement qu'elle ne puisse avec vos hommes d'armes, chasser l'Anglais de la France. Son imagination est échauffée par ce projet qu'elle nourrit depuis son enfance : j'en suis certain, elle n'acceptera point le dernier rang : elle veut guider les Français au siége d'Orléans, elle veut animer tous les cœurs de son zèle, elle veut les réchauffer par ses discours : ah, que ne peut l'éloquence de l'âme unie à la véritable beauté! s'il m'est permis de dire ma pensée, il ne faut pas la rebuter.

— Sire, reprit la reine d'une voix émue, il faut la voir au moins : si votre sagesse ne vous permet pas de vous servir de son courage, nous devons pourtant lui savoir gré des vœux qu'elle forme pour nous! Pour moi, j'en conviens, j'admire tant de magnanimité! si jeune, et belle surtout. La reine se tut.

Il me semble, dit Agnès avec timidité, que de semblables travaux ne sont pas ceux d'une femme : elle doit s'occuper à coudre, à filer, aux soins du ménage, et ne doit savoir... — Que plaire, dame de beauté, ajouta la reine : sans doute, c'est leur apanage, si toutes étaient aussi belles que vous. Sire, ne la rejetez pas, j'ose vous en prier. — Le roi ne peut se refuser à l'entendre et à la recevoir, s'écria le bâtard ; mais voici une lettre dont je suis chargé pour vous, sire. Dunois la présenta avec respect à Charles, qui la reçut en souriant. Il brisa le cachet et la parcourut des yeux.

Que peut-elle avoir à me confier, Dunois ? — Je l'ignore, sire. — Eh bien, on la verra, amenez-la à Chinon. Le prince s'inclina, et se disposa à remplir cet ordre. Il remonta à cheval et reprit la route de Fierbois.

Jeanne avait été troublée par les avertissemens du religieux : elle s'était rappelé toutes les paroles, les actions du messager : un moment elle le croyait un traître, le moment d'après elle trouvait une excuse à ce qui lui paraissait obscur : flottant toujours entre deux sentimens contraires, la défiance et la sécurité, elle ne savait sur lequel il fallait se reposer : enfin la prudence lui imposa la loi de se tenir sur ses gardes.

Depuis le départ de Dunois, les craintes les plus vives l'agitaient : son active pensée lui présentait une foule d'obstacles. Tantôt le roi refusait de l'admettre auprès de son auguste personne : tantôt on dédaignait de se servir de son bras : tantôt la Trémouille, sur lequel on l'avait prévenue, employait tout son crédit pour qu'elle n'essuyât que de la honte et des mépris en récompense de son dévouement. Ainsi, Jeanne elle-même, prenait plaisir à se créer mille et mille tourmens. Enfin, elle entend les pas d'un coursier : son cœur palpite, et d'espoir, et de crainte : elle écoute, une voix se fait entendre; c'est la voix du messager royal ! Un froid inconnu parcourt ses veines : la plus grande perplexité l'agite, elle éprouve cette émotion que les ames courageuses et pourtant sensibles ressentent à l'approche de quelque événement qui les intéresse fortement. Dunois entre dans sa chambre, la visière de son casque est levée, ses yeux sont rayonnans de joie ; il la salue avec grâce, et Jeanne attend, non sans frayeur, qu'il veuille bien lui rendre compte de son voyage.— J'ai vu le roi, dit-il.—Eh! bien, que puis-je espérer? qu'a-t-il répondu à ma lettre? Parlez, chevalier; parlez. — Le roi m'a commandé de vous conduire à Chinon. — Partons sur-le-champ, à l'instant. Grand Dieu, tu m'as donc exaucée! je le verrai. Noble messager, que de grâces n'ai-je pas à vous rendre! que je vous remercie! que mon cœur gardera fidèlement le souvenir de ce que vous avez fait pour moi! — Belle Jeanne, je serai trop heureux, si vous voulez bien songer quelquefois à un ami sincère. — Pourquoi me soupçonner d'ingratitude? pour que j'oublie vos généreux soins, il faudrait que je perdisse entièrement la mémoire. Croyez-en ma promesse, dans le séjour que je vais habiter, vous serez le seul en qui je mettrai ma confiance. J'ignore votre nom, vous me l'avez caché. Je devrais vous craindre, me défier de vous, et cependant, lorsque je vous vois, mes frayeurs s'évanouissent. Quel est votre nom, chevalier?—Vous le saurez bientôt.—Pourquoi m'en faire un mystère? Auriez-vous voulu me tromper? Auriez-vous voulu me rendre la fable de la cour? Auriez-vous cherché à connaître mes faiblesses, mon caractère, pour les divulguer, et par cet éclat, me rendre un objet de dédains, de mépris? Chevalier, qui vous porta à me céler qui vous êtes?— M'avez-vous demandé mon nom avant ce jour?— Non, il est vrai.— D'où vous viennent ces soupçons offensans?— J'ai réfléchi à cette singularité.... je me suis étonnée qu'un guerrier valeureux dérobât ses traits à tous les regards.—Si ce guerrier avait de puissantes raisons pour qu'on ignorât son éloignement de l'armée, s'il fallait que ses soldats le crussent encore présent : si son absence pouvait être préjudiciable à son prince, que diriez-vous?— Je plaindrais le guerrier forcé d'employer la ruse : ces moyens sont indignes de la véritable valeur. Vous êtes brave, je le crois, j'en suis certaine même, et cependant vous méritez des reproches; mais, jurez-moi, sur l'honneur des braves, que ce ne fut pas une indiscrète curiosité qui vous conduisit à Vaucouleurs, je vous croirai.—Je jure sur mon épée, sur mon honneur, que ce ne fut qu'un motif d'intérêt pour vous qui m'engagea à cette démarche. On voulait, dans le conseil du roi, rejeter vos offres, je pris votre défense, et m'offris pour observer votre caractère, vos paroles, votre conduite. J'en ai rendu compte à Charles; il vous mande près de lui; quant à mon nom, je suis le... — Chevalier, je n'ai pas besoin de le connaître : excusez une injuste défiance; vous avez toute mon estime, et fussiez-vous le vaillant Dunois, elle ne pourrait augmenter. — Je le suis. — Vous, grand Dieu! Vous, s'écrie Jeanne en pâlissant, vous seriez Dunois! — Oui ; d'où peut venir cet effroi, cette pâleur? Me craindriez-vous? — Moi, moi, vous craindre Oh, non, le ciel en est témoin... Une surprise extrême a frappé mon cœur. Quoi, vous êtes Dunois ? — Oui, belle incrédule; oui, je le suis. — Oh! permettez que je contemple vos traits, dit-elle, en écartant les boucles qui ombrageaient le front de l'illustre bâtard, permettez. Vous êtes donc le fils de ce prince malheureux que la France a pleuré. — Et que l'impitoyable Bourguignon a fait si lâchement assassiner... Dieu puissant, pourquoi étais-je si jeune alors ? — Eh! bien, noble Dunois, eh! bien, si le ciel permet que je marche aux combats, soyez mon frère d'armes, soyez le compagnon de mes travaux! Ensemble nous partagerons les dangers et la gloire... Ah! qu'il me sera doux de vous nommer mon frère ; me le promettez-vous, ajouta-t-elle, en lui tendant la main : serez-vous le compagnon d'armes d'une fille inconnue, obscure ? — Je le serai, j'en donne ma foi. Mais il est temps de partir; montons à cheval. Jeanne, pensive, le suivit sans proférer une parole. Ah! généreuse fille, de quelle pieuse ruse t'es-tu servie! il est ton frère, tu le sais : ce besoin de le nommer ainsi tourmente ton cœur; tu ne peux divulguer le secret qui te fus confié, et cependant il est ton frère! tu pourras dans les jours de fatigues et d'alarmes, tu pourras épancher tes chagrins dans le sein d'un ami véritable; sous ce nom sacré, tu lui confieras tes peines ; tu pourras lui prodiguer les plus touchantes caresses de l'amitié; il est ton frère d'armes! aimable et pieuse ruse!

Orgueilleuse de lui appartenir, Jeanne pendant le trajet lui montra plus de douceur et d'aménité que les jours précédens: Dunois, bien qu'il l'aimât avec passion, s'aperçut de ce changement, il en conçut quelque espoir pour son amour. Oui, pensait-il, si son cœur est véritablement épris de la gloire, elle doit tirer quelque vanité des soins que j'ai eus pour elle. Qu'elle était noble et belle au moment où sa main éloignait les cheveux qui lui dérobaient mes traits. Pourquoi ? Quelle était son intention ? cette action m'a profondément ému! je ne sais ce qui se passait en moi, un respect inexprimable s'opposa aux mouvemens tumultueux qui s'élevaient dans mon sein! non, un désir profane ne m'a point agité, non; et Dunois regardait avec le plus vif intérêt celle qui marchait à ses côtés, celle qu'il était loin de croire sa sœur. Le chemin se fit dans le plus profond silence.

En arrivant aux portes de Chinon, les voyageurs trouvèrent un écuyer qui les attendait; il transmit au prince l'ordre du roi de faire conduire au château de Coudray *la Pucelle* qu'il amenait : Dunois, d'après ce message, continua sa route avec elle et sa suite; après l'avoir remise en des mains sûres, il la quitta pour se rendre auprès de Charles.

Jeanne n'était pas pourtant sans éprouver de vives inquiétudes; ce qu'elle avait à découvrir au roi était pénible pour lui et pour elle : il fallait lui faire connaître les crimes d'une mère, il fallait lui en montrer la preuve vivante! qui sait ce qui pouvait lui arriver d'une semblable découverte! qui sait si, entraîné par de perfides conseils, Charles ne voudrait point faire disparaître cette preuve. Ces pensées la troublaient; cependant son courage, sa force d'âme, et surtout sa candeur, lui rendirent toute sa tranquillité.

A son réveil, on l'avertit qu'un page attendait depuis quelque temps : elle se leva sur le champ, et s'habilla; après quoi, elle ordonna qu'on l'amenât dans sa chambre. Bientôt ce jeune homme entra.

Noble Pucelle, dit-il en la saluant avec respect, mon maître, le vaillant Dunois, m'envoie vers vous avec ce présent. — Quel est-il? — Un habit bleu azuré. — Je n'en veux point. — J'ai ordre de ne pas le rapporter. D'ailleurs, noble Pucelle, voici un écrit dont il m'a chargé pour vous. — Lisez, gentil page, je ne sais pas lire. Le page lut ces mots.

Dunois à Jeanne la Pucelle.

« Vous m'avez promis de me nommer
« votre frère ; en acceptant ce titre, je
« me promis aussi d'en avoir pour vous
« toute l'amitié : si vous m'en avez trouvé
« réellement digne, vous ne pouvez refu-
« ser de partager l'aisance où le sort m'a
« placé : j'aime à croire que vous ne re-
« jetterez pas les dons d'un ami, d'un
« frère et d'un compagnon d'armes. »

JEAN, BATARD D'ORLÉANS.

C'est bien, dit-elle après cette lecture, j'accepte. Allez dire à Dunois que Jeanne la Pucelle le remercie, et qu'elle s'enorgueillit de sa noble amitié.

Cet habit élégant servit à rehausser la beauté et la bonne mine de celle à qui il était destiné : (1) sans doute, la vanité ne

---

(1) Voici le portrait que M. Lebrun des

lui fit pas trouver le moindre plaisir à cette parure; son âme était trop grande et son cœur trop généreux, pour qu'elle s'occupât des bagatelles si chères à son sexe. Croyant que Dunois allait arriver incessamment, Jeanne l'attendait avec

---

Charmettes a tracé de l'héroïne française, et dont il garantit l'authenticité.

« Elle avait le front moyen, les yeux grands,
« fendus en amandes : les prunelles de cette
« couleur indécise entre le vert et le brun, qui
« est particulière aux brunes claires ; le re-
« gard mélancolique, et d'une douceur inex-
« primable ; ses sourcils finement dessinés ne
« s'étendaient ni en arc parfait, ni en ligne
« trop horizontale ; une légère inflexion se
« faisait sentir au milieu, et leur donnait
« un caractère infiniment touchant ; son nez
« était droit et bien fait, un peu mince, et
« d'une juste longueur, sa bouche était
« extrêmement petite ; ses lèvres fines et ver-
« meilles ; le creux formé entre le menton et
« la lèvre inférieure était fortement marqué ;
« le menton était fort petit, et peut-être trop
« pointu. Elle avait, au reste, le tour du

impatience, il ne vint pas : aussitôt sa brûlante pensée se créa mille et mille obstacles à franchir. Mais, Dunois, disait-elle, Dunois, devrait-il me laisser en proie à l'incertitude dont je suis tourmentée! lui-

---

« visage beau, le teint uni, et d'une extrême
« blancheur. Ses cheveux, *d'un beau châtain*,
« et dont elle avait une grande quantité,
« étaient rejetés en arrière au-dessus de ses
« tempes, tombaient avec grâce autour d'un
« cou blanc et bien proportionné, et ne dé-
« passaient pas ses épaules; ils étaient, à peu de
« chose près, coupés à la manière des guerriers
« de ce temps. La candeur, l'innocence vir-
« ginale, une pureté angélique, quelque
« chose de rêveur, et une teinte de tristesse,
« formaient le caractère de sa physionomie.
« Elle avait la voix douce, et la parole
« insinuante, et s'exprimait très-bien, dit un
« gentilhomme de son pays. »

« Elle montait à cheval, et portait une lance
« avec autant d'adresse et de grâce qu'aurait
« pu le faire le meilleur chevalier. »

lui !..... O Dieu puissant, que je te remercie de m'avoir appris si tôt, qu'il devait le jour au prince dont je suis la fille délaissée ! qui sait ce que tant de magnanimité eût pu produire sur ta faible servante ! Juste ciel, dévoue ma vie aux souffrances, à la mort, si j'étais capable de ressentir un penchant criminel. Et Jeanne attendait toujours le vaillant bâtard.

Vers le soir, la porte de sa chambre s'ouvrit tout-à-coup (1), un inconnu parut : son air était grave, son maintien froid et sévère : sa robe longue n'annonçait pas un guerrier : surprise de cette visite inattendue, elle se leva et le salua en silence.

Il la considéra pendant quelques minutes sans proférer un mot, enfin, il dit :

---

(1) On logea Jeanne au château du Coudray, situé aux environs de Chinon. Elle y reçut quelques visites. (Berriat-Saint-Prix, *Histoire de Jeanne d'Arc*.)

C'est donc vous, jeune fille, qui prétendez chasser l'Anglais de notre France? — Je l'espère, avec l'aide du Tout-Puissant. — Votre faible bras pourra-t-il anéantir cette foule immense de guerriers, tant Bourguignons qu'Anglais? — Dieu viendra à notre aide, nous combattrons, et ils seront anéantis! — Qui vous a suggéré cette pensée extraordinaire? — L'amour de mon pays et ma haine pour le Bourguignon. — D'où vient cette haine? — Messire, je ne vous connais pas, il ne vous est point permis de m'interroger! je répondrai au roi : lui seul a droit de connaître ma mission. — Cette fierté vous embellit encore, aimable Jeanne : mais, savez-vous si l'homme que cette même fierté offense, n'a point quelque pouvoir à la cour? Savez-vous s'il ne dépend pas de lui de vous priver ou de vous faire jouir de la vue du monarque français ? Fiez-vous à la puissance dont il est revêtu : nommez-lui le personnage adroit qui vous fait agir ; car il ne croira jamais que vous ayez rêvé la première une semblable démarche. Qui vous en donna l'idée ? — L'idée m'en vint seule, je vous l'ai dit, messire. Quand aux craintes que vous voulez m'inspirer, j'ai, je le crois, un protecteur puissant : il saura bien décider le roi à me permettre de tomber à ses pieds. — Sans doute, Dunois est le héros sur lequel vous comptez ? — Et sur qui la faiblesse s'appuierait-elle, si ce n'est sur la valeur et la loyauté ? — Ces qualités brillantes ont peu d'empire dans les cours, où la politique, l'esprit, les hautes connaissances sont plus nécessaires : rarement un guerrier l'emporte sur les courtisans et les favoris. — Ainsi, le héros qui versa son sang pour la défense de sa patrie, qui par son courage vainquit l'ennemi, aurait moins de crédit qu'un la Trémouille, un président Louvet..... A cette apostrophe, l'inconnu fronça le sourcil. — Oui, reprit-il avec un calme apparent, oui, Dunois a moins de crédit qu'un la Trémouille... et ce la Trémouille est devant vous. Il venait vous offrir ses services, il voulait vous guider dans le dédale où l'on vous précipite : mais il s'aperçoit qu'on vous a prévenue contre lui. — Messire la Trémouille, peut-être ai-je eu tort de m'exprimer avec tant de franchise, cependant je ne m'en repens pas. Personne ne m'a prévenue contre vous : le bruit public vous accuse d'être l'unique cause de l'inaction du roi : laissez-le marcher à la tête de ses troupes : ne l'ensevelissez pas dans de honteux plaisirs, et les Français vous béniront. — Je reçois avec humilité de semblables avis, et je veux bien oublier ce que cette conversation a d'inconvenant, je vous offre encore d'être votre conseil, votre protecteur : tout s'aplanira devant vous, si vous m'accordez votre confiance, et si vous me nommez celui qui vous a dicté vos leçons. — Et s'il était vrai que j'eusse un tel ami, me croyez-vous assez faible pour céder à vos insinuations et vous le nommer! non, non, détrompez-vous. Quant à votre inimitié, je saurai l'attendre : je ne veux que servir ma patrie et mon roi. Messire de la Trémouille, je puis vous offenser, mais, Jeanne la Pucelle ne cachera jamais aux regards des hommes, ni ses actions, ni ses pensées; elle espère que le ciel lui fera la grâce de n'en jamais rougir. — Belle fille, vous ignorez les séductions dont vous allez être entourée. — Dieu ne sera-t-il pas là pour me soutenir! — Que pourra le ciel contre les passions! — Impie, dit Jeanne avec effroi, et détournant son regard du ministre : impie ! — Je vous parle le langage du monde, et non pas celui de vos prêtres ! Et la Trémouille voulut prendre la main de l'héroïne qui la retira avec vivacité.

Je vais, poursuivit le ministre de Charles ; je vais vous servir auprès du roi mon maître, charmante fille : mais, avez-vous bien réfléchi aux chances que vous allez courir ! savez-vous si le peuple ne vous regardera pas avec horreur ; car, enfin, vous abjurez toutes les vertus, toute la décence de votre sexe ? Ces habits d'homme ne flétrissent-ils pas votre pureté ? — Ce Dieu dont vous parlez avec tant d'irrévérence, messire, ce Dieu que j'adore, connaît le fond de mon âme : il sait que mes motifs sont louables, il les approuve : j'offre mon bras à mon souverain, je verserai mon sang pour ce peuple qui me méprisera peut-être : que demandera-t-il de plus ? Je ne réclame rien de vous, sire la Trémouille, ma franchise a dû vous blesser. La seule grâce que je désire obtenir, est que vous ne soyez point mon ennemi. — Moi, moi, l'ennemi de la beauté ; jamais ! Je vous quitte sans me souvenir de votre affreuse injustice : aimable Jeanne, présentez votre main à l'homme que vous haïssez en signe de réconciliation : que tout soit oublié ! Souvenez-vous, belle amazone, que la Trémouille est toujours aux ordres de la beauté. Quand vous l'exigerez, il volera vers vous. — Messire la Trémouille, celle qui va courir les hasards de la guerre ne songe point aux frivoles avantages quelle tient de la nature ! que lui fait cette figure dont vous lui vantez la régularité ! c'est le courage qu'il lui faut ; c'est la force de l'âme : elle ne demande au ciel d'autre grâce que celle de la soutenir dans ses travaux. Voilà tout ce qu'elle souhaite; voilà quels sont ses vœux!

— Ils doivent être exaucés, sans nul doute, Jeanne : j'étais venu ici par l'ordre du roi, et je vais lui rendre compte du succès de mon message. Il s'inclina et sortit.

La beauté, et la fierté de l'héroïne avaient étonné le sire de la Trémouille; accoutumé à voir toutes les volontés plier devant la sienne, devait-il trouver de la résistance dans celle d'une fille, élevée loin des palais des rois et loin du monde! Cette singularité le frappa, elle échauffa son imagination déréglée : loin de vouloir l'éloigner de la cour, il résolut de la servir, il résolut d'accomplir ses vœux, afin que cette condescendance envers elle, la mît en son pouvoir, et qu'il pût recueillir le fruit des désirs qui germaient dans son sein.

D'après cette résolution, à peine fut-il

de retour à Chinon, il se rendit chez le roi : Sire, dit-il, j'ai obéi à vos ordres; j'ai vu Jeanne la Pucelle. — Eh bien, comment est-elle ? parlez, cher la Trémouille : c'est, sans doute, quelque fille bien grossière, sans grâces et sans la moindre beauté; car, je n'en crois nullement le rapport des enthousiastes : mais, vous, dont le caractère sévère m'est connu, vous, à qui le ciel a départi ce flegme qui rend insensible aux attraits d'un sexe charmant, qui règle la destinée de tous les hommes, je vous croirai. Parlez-moi sans détour. — Sire, mon flegme s'est évanoui à sa vue; cette fille est extraordinaire, tant par sa beauté, que par ses discours : son éloquence naturelle m'a confondu, et si son courage répond à sa fermeté, sa présence peut faire une heureuse diversion dans les affaires publiques : sa vue peut réchauffer l'ardeur de nos soldats, ils rougiront de montrer moins d'audace qu'une jeune fille : d'ailleurs, que faut-il pour animer le zéle du Français! rien; il affronte la mort comme il vole au plaisir: entraîné par sa bravoure, rien ne lui semble impossible; mais il faut qu'il ait confiance dans ses chefs : il les suit aveuglément au trépas comme à la gloire! Il est sensible aux charmes de la beauté! Montrez-lui cette fille courageuse! cette fille, qui dans sa naïve candeur, se croit envoyée par le ciel pour sauver la France! Laissons-lui sa pieuse croyance, elle passera insensiblement dans toutes les ames: et quel est le peuple qui n'a pas ses superstitions et qui rejette les miracles! Servons-nous donc, ô mon maître, de cet instrument envoyé par la Providence! vos hommes d'armes ne la dédaigneront pas, elle est jeune, elle est belle! Daignez la voir, sire, daignez lui permettre de jouir de votre auguste présence : déjà, la curiosité est éveillée ; déjà, on désire la contempler : on veut juger de sa beauté : les femmes ne seront pas indulgentes pour elle, mais les hommes sauront la défendre. Quel jour, sire, aurez-vous la bonté de recevoir cette jeune inspirée? — Dans deux jours, la Trémouille, si la reine y consent. Faites tout préparer pour sa réception ; mais, avant de l'interroger, je veux l'observer quelques momens sans quelle puisse me connaître : confondu parmi les courtisans, je veux considérer ses traits, sa démarche, son attitude : ma présence influerait sur son maintien, elle serait intimidée, et je dois enfin la juger sans prévention. — Sire, votre sagesse sait ce qu'il faut faire pour lire au fond des cœurs et pour en sonder les replis : votre heureux tact, connaît adroitement quels pensers ils recèlent. Tout sera prêt pour l'instant, où vous daignerez admettre au pied du trône, cette jeune et ardente enthousiaste. La Trémouille sortit, et Charles passa dans la chambre de Marie d'Anjou, pour lui faire connaître l'avis de la Trémouille.

Dunois, instruit du départ de la Trémouille pour le château du Coudray, craignit que ce ministre ne desservît Jeanne auprès du monarque : pour tacher de parer à cet inconvénient, il se hâta d'aller trouver Marie, à qui il fit part de ses craintes, et la pria, avec la plus grande chaleur, d'accorder sa royale protection à cette courageuse fille.

La reine voulut bien consentir à cette demande ; mais, étonnée de la vivacité du bâtard d'Orléans, elle ajouta avec le plus aimable sourire : si je ne connaissais pas le goût délicat de Dunois, je pourrais penser que cette belle Amazone a fait impression sur son âme ; il en parle avec une telle ardeur, que je suis presque persuadée qu'elle a fait battre ce cœur si fier et si altier.—C'est vrai, Madame, je l'aime, dit-il avec assurance ; oui, Madame, je l'aime et j'en fais gloire. Ce titre d'Amazone dont on va l'accabler ne la flétrira pas. Puisse-t-elle seulement justifier sa mission, c'est tout ce que Dunois souhaite. Cette fille a reçu de la nature une grande beauté ; mais cette beauté emprunte un nouveau lustre à cette modestie touchante qui respire en ses moindres actions : quant à son courage, il est semblable à celui de nos plus braves guerriers ; loin de lui inspirer un air hautain, impérieux, on distingue qu'il prend sa source dans une ame forte, magnanime : on voit bientôt que la pureté la plus grande est le mobile de ses pensées ; moi, qui suis homme, soldat, moi qui ai toujours vécu dans les camps, moi qui ai voyagé long-temps à ses côtés, qui ai quelquefois reposé dans la même chambre, avec elle et le chevalier qui l'accompagnait, je le jure sur l'honneur, jamais une idée impure n'est venue m'assaillir en sa présence! tant la vertu qui l'anime sait en imposer à ceux qui l'environnent! Bien plus, madame, ce chevalier, le jeune Poulengy, l'adore : il a osé lui déclarer son amour..... un refus imposant et ferme a été sa réponse. — Cet exemple ne vous a pas guéri, vaillant Dunois ? — Non, madame; peut-être suis-je présomptueux, mais, j'ose concevoir quelque espérance. — Qui peut vous en donner ? — Mon rang, l'amitié qu'elle me témoigne. Elle m'a nommé son frère d'armes; mais, princesse, ce n'est pas le moment de nous occuper des faiblesses de l'amour : daignerez-vous lui offrir une main protectrice? Daignerez-vous vous opposer aux piéges que pourra lui tendre la Trémouille, car ce ministre doit haïr cet être vertueux. — Dunois, je la défendrai contre la Trémouille, et contre Agnès. Mais, dois-je vous dévoiler une curiosité de femme? Je voudrais l'entendre, la voir, ici, sans toute cette foule qui se pressera autour d'elle lors de son arrivée? Ne pourrez-vous me procurer cette satisfaction? — Si tel est votre désir, reine, je pars dans l'instant et vous la ramène aussitôt. — Le jour est avancé, la nuit vous surprendra dans le voyage, n'y a t-il rien à craindre? — Eh, tant mieux, madame, nous pourrons plus aisément cacher cette entrevue à tous les yeux. Nous ne courons aucun risque. — Allez Dunois, allez, et satisfaites ma vive impatience. Le prince se hâta de remplir les désirs de la reine en partant sur-le-champ.

Il y avait à peine deux heures que la Trémouille avait quitté Jeanne, quand son oreille fut frappée de la course rapide d'un cheval ; elle écoute avec attention : le bruit se dirige vers le château ; que veut ce messager à cette heure, pensa-t-elle ? La nuit est venue... Que va-t-on faire de moi ? Que va-t-on me mander ? Et Dunois ne revient pas ! m'abandonnerait-il ? Le jour entier s'est écoulé, et je ne l'ai pas vu ; hélas ! quand sa présence me serait si nécessaire.... Grand Dieu, c'est lui, c'est lui, j'entends sa voix ! O Dieu, je te remercie. O Dunois, il revient, il revient enfin ! La porte s'ouvrit, et le héros parut.

Oh, mon aimable frère, s'écria la noble fille, en accourant vers lui, que vous avez tardé ! Déjà la cour vous a fait oublier vos promesses ? — Non, chère et bien aimée sœur, non, je ne vous ai point oubliée! Mais, il faut partir.... il faut me suivre à l'heure même.... — Le roi refuse-t-il de me voir! — Le roi ignore ma démarche; c'est la reine, c'est la vertueuse Marie, qui vous mande. — Si tard?.... nous arriverons à Chinon au milieu de la nuit. — Oui, on doit ignorer que vous y soyez venue. — Pourquoi ce mystère? La reine n'est-elle pas libre d'admettre en sa présence une sujette, que son royal époux n'a pas encore daigné recevoir. Quelles entraves! — J'ai donné l'ordre qu'on sellât deux coursiers. Ils nous attendent, partons. — C'est à mon frère d'armes, c'est à Dunois, au généreux bâtard d'Orléans, que je me confie: il ne peut, ni ne doit tromper une fille qui n'a d'autre soutien, d'autre appui que le ciel et sa vertu. Partons, mon frère. — Jeanne ne saurait me soupçonner; s'il en était autrement, je renoncerais à son amitié. Nos chevaux hennissent d'impatience : souffrez, ma sœur, que je jette ce manteau sur vos épaules. Tout est prêt, partons. Jeanne lui serra la main, et le suivit en toute confiance. Ils montèrent à cheval, et prirent la route qui conduisait à la ville royale.

FIN DU PREMIER VOLUME.

www.ingramcontent.com/pod-product-compliance
Lightning Source LLC
Chambersburg PA
CBHW071334150426
43191CB00007B/721